해법 기초계산 B6

1. 4주 완성의 계획적인 수학 학습!

2. 시간 내 푸는 연습을 통한 실전 감각 향상!

3. 다양한 구성의 문제로 사고력 향상!

계산력이 왜 중요한가?

계산력은 수학의 뿌리!
계산력 없이 수학은 생각할 수 없지.
수학은 계통성의 학문이라고 해.
역연산으로 인해 덧셈이 뺄셈의 기초가 되고,
곱셈이 확립되어야
나눗셈이 가능해지기 때문이지.
따라서 수학의 근간인 기초 계산력을
완벽하게 다져 주는 것이야말로
수학 만점으로 가는 첫걸음이지.

개념 만화

만화를 통한 원리 깨치기

만화를 통한 계산 원리와 개념을
이해할 수 있습니다.

1단계

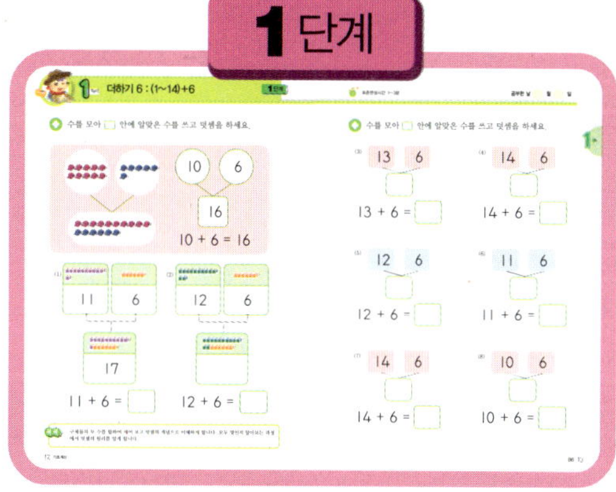

집중 연습으로 계산력 다지기

집중 연습 문제로 기초 계산력을
완벽하게 다질 수 있습니다.

2단계

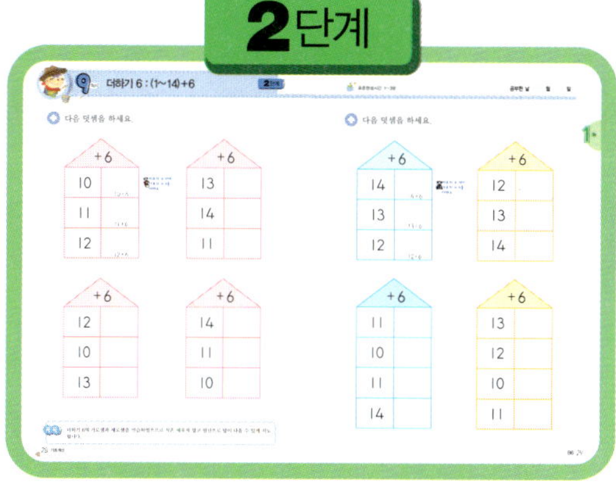

퍼즐형 문제로 정확성 기르기

흥미로운 퍼즐형 문제로 이루어져
집중력과 정확성까지 기를 수 있습니다.

3단계

다양한 문제로 사고력 키우기

다양한 문제를 통해 수학적 사고력과
문제 해결력을 높일 수 있습니다.

내용 구성표

권	주	A 단계 (5~7세)	B 단계 (5~7세)	C 단계 (5~7세)
1 권	1	일대일 대응, 많다 · 적다	더하기 3 : (1~7)+3	빼기 5 : (1~20)−5
	2	1~5 수 익히기	더하기 3 : (1~17)+3	빼기 6 : (1~20)−6
	3	1~5 수 익히기	더하기 3 : (1~27)+3	빼기 4, 5, 6의 종합
	4	0, 6~10 수 익히기	더하기 1, 2, 3의 종합	더하기 · 빼기의 종합 ①
2 권	1	0, 6~10 수 익히기	빼기 1 : (1~10)−1	더하기 · 빼기의 종합 ②
	2	1~10 종합	빼기 1 : (1~20)−1	더하기 7 : (1~9)+7
	3	수 가르기와 수 모으기 (1, 2, 3, 4, 5)	빼기 2 : (1~10)−2	더하기 7 : (1~19)+7
	4	수 가르기와 수 모으기 (6, 7, 8, 9, 10)	빼기 2 : (1~20)−2	더하기 7 : (1~23)+7
3 권	1	11~20 수 익히기	빼기 3 : (1~10)−3	더하기 8 : (1~9)+8
	2	11~20 수 익히기	빼기 3 : (1~20)−3	더하기 8 : (1~22)+8
	3	1~20 종합	빼기 1, 2, 3의 종합	더하기 9 : (1~9)+9
	4	21~30 수 익히기	더하기 · 빼기의 관계 ①	더하기 9 : (1~21)+9
4 권	1	31~40 수 익히기	더하기 · 빼기의 관계 ②	더하기 10 : (1~20)+10
	2	41~50 수 익히기	더하기 4 : (1~6)+4	더하기 7, 8, 9, 10의 종합
	3	1~50 종합	더하기 4 : (1~16)+4	더하기 1~10의 종합
	4	51~70 수 익히기	더하기 4 : (1~26)+4	빼기 7 : (1~20)−7
5 권	1	71~100 수 익히기	더하기 5 : (1~9)+5	빼기 8 : (1~20)−8
	2	1~100 종합	더하기 5 : (1~15)+5	빼기 9 : (1~20)−9
	3	더하기 1 : (1~9)+1	더하기 5 : (1~25)+5	빼기 10 : (1~20)−10
	4	더하기 1 : (1~19)+1	더하기 6 : (1~9)+6	빼기 7, 8, 9, 10의 종합
6 권	1	더하기 1 : (1~29)+1	더하기 6 : (1~14)+6	빼기 1~10의 종합
	2	더하기 2 : (1~8)+2	더하기 6 : (1~24)+6	더하기 · 빼기의 종합 ③
	3	더하기 2 : (1~18)+2	더하기 4, 5, 6의 종합	더하기 · 빼기의 종합 ④
	4	더하기 2 : (1~28)+2	빼기 4 : (1~20)−4	재미있는 더하기 · 빼기의 규칙

권	주	D단계 (초1)	E단계 (초2)	F단계 (초3)	G단계 (초4)
1권	1	더하기 1, 2, 3	받아올림이 있는 (두 자리 수)+(한 자리 수)	(세 자리 수)+(세 자리 수) ①	100, 1000, 10000, 몇백, 몇천 곱하기
	2	합이 5까지인 덧셈	받아내림이 있는 (두 자리 수)−(한 자리 수)	(세 자리 수)+(세 자리 수) ②	(세 자리 수)×(두 자리 수)
	3	합이 9까지인 덧셈	세 수의 덧셈	(세 자리 수)−(세 자리 수) ①	(네 자리 수)×(두 자리 수)
	4	받아올림이 없는 (한 자리 수)+(한 자리 수)	세 수의 뺄셈	(세 자리 수)−(세 자리 수) ②	(세 자리 수)×(세 자리 수)
2권	1	빼기 1, 2, 3	일의 자리에서 받아올림이 있는 (두 자리 수)+(두 자리 수)	2, 3, 4, 5의 단 곱셈구구를 이용한 나눗셈	(세 자리 수)÷(한 자리 수)
	2	5까지의 뺄셈	십의 자리에서 받아올림이 있는 (두 자리 수)+(두 자리 수)	6, 7, 8, 9의 단 곱셈구구를 이용한 나눗셈	(두·세 자리 수)÷(몇십)
	3	9까지의 뺄셈	일, 십의 자리에서 받아올림이 있는 (두 자리 수)+(두 자리 수)	곱셈구구를 이용한 나눗셈 ①	(두·세 자리 수)÷(두 자리 수)
	4	(한 자리 수)−(한 자리 수)	받아올림이 있는 (두 자리 수)+(두 자리 수)	곱셈구구를 이용한 나눗셈 ②	(세·네 자리 수)÷(두 자리 수)
3권	1	10이 되는 더하기	받아내림이 있는 (두 자리 수)−(두 자리 수) ①	(두 자리 수)×(한 자리 수) ①	덧셈과 뺄셈의 혼합 계산
	2	10에서 빼기	받아내림이 있는 (두 자리 수)−(두 자리 수) ②	(두 자리 수)×(한 자리 수) ②	곱셈과 나눗셈의 혼합 계산
	3	세 수의 계산 ①	세 수의 계산 ①	(두 자리 수)×(한 자리 수) ③	혼합 계산 1
	4	세 수의 계산 ②	세 수의 계산 ②	(두 자리 수)×(한 자리 수) ④	혼합 계산 2
4권	1	받아올림이 없는 (두 자리 수)+(한 자리 수)	2, 3, 4, 5의 단 곱셈구구	(네 자리 수)+(세 자리 수)	분수의 이해 1
	2	받아올림이 없는 (두 자리 수)+(두 자리 수)	6, 7, 8, 9의 단 곱셈구구	(네 자리 수)+(네 자리 수)	분수의 이해 2
	3	받아내림이 없는 (두 자리 수)−(한 자리 수)	곱셈구구 ①	(네 자리 수)−(세 자리 수)	분수의 이해 3
	4	받아내림이 없는 (두 자리 수)−(두 자리 수)	곱셈구구 ②	(네 자리 수)−(네 자리 수)	분수의 덧셈
5권	1	두 수의 합이 10이 되는 세 수의 덧셈	받아올림이 없는 (세 자리 수)+(세 자리 수)	(세 자리 수)×(한 자리 수)	분수의 덧셈
	2	(한 자리 수)+(한 자리 수) ①	일의 자리에서 받아올림이 있는 (세 자리 수)+(세 자리 수)	(한 자리 수)×(두 자리 수)	분수의 뺄셈 1
	3	(한 자리 수)+(한 자리 수) ②	십의 자리에서 받아올림이 있는 (세 자리 수)+(세 자리 수)	(두 자리 수)×(두 자리 수) ①	분수의 뺄셈 2
	4	(한 자리 수)+(한 자리 수)의 종합	일, 십의 자리에서 받아올림이 있는 (세 자리 수)+(세 자리 수)	(두 자리 수)×(두 자리 수) ②	세 분수의 덧셈과 뺄셈
6권	1	(십 몇)−(한 자리 수) ①	받아내림이 없는 (세 자리 수)−(세 자리 수)	(두 자리 수)÷(한 자리 수) ①	소수 한 자리 수의 덧셈
	2	(십 몇)−(한 자리 수) ②	십의 자리에서 받아내림이 있는 (세 자리 수)−(세 자리 수)	(두 자리 수)÷(한 자리 수) ②	소수 두·세 자리 수의 덧셈
	3	세 수의 덧셈	백의 자리에서 받아내림이 있는 (세 자리 수)−(세 자리 수)	(두 자리 수)÷(한 자리 수) ③	소수 한 자리 수의 뺄셈
	4	세 수의 뺄셈	십, 백의 자리에서 받아내림이 있는 (세 자리 수)−(세 자리 수)	(두 자리 수)÷(한 자리 수) ④	소수 두·세 자리 수의 뺄셈

Q & A 활용 가이드

Q

아이 수준을 몰라서
어느 단계의 교재를
선택하면 될지 모르겠어요.

A

한 페이지에서
틀린 문제가 6문제 이상이면
이전 단계의
교재부터 시작하세요.

계산 실수를 자주 해요.

정해진 시간 안에 푸는
연습으로 실전 감각을
키우세요.

시험 시간이 부족해요.

매일매일 공부하는
습관으로
정확성을 키우세요.

공부 계획을
스스로 세우기 힘들어요.

스케줄표를 이용해
계획을 세워
2주, 4주 완성에 도전하세요.

4주 완성 스케줄표

활용 방법 매일 2장(2차시)씩 풀면 24일 만에 완성할 수 있습니다.

1주	1일	2일	3일	4일	5일	6일
확인	12~15쪽	16~19쪽	20~23쪽	24~27쪽	28~31쪽	32~35쪽

2주	7일	8일	9일	10일	11일	12일
확인	40~43쪽	44~47쪽	48~51쪽	52~55쪽	56~59쪽	60~63쪽

3주	13일	14일	15일	16일	17일	18일
확인	68~71쪽	72~75쪽	76~79쪽	80~83쪽	84~87쪽	88~91쪽

4주	19일	20일	21일	22일	23일	24일
확인	96~99쪽	100~103쪽	104~107쪽	108~111쪽	112~115쪽	116~119쪽

※ 매일 4장(4차시)씩 풀면 12일 만에 완성할 수 있습니다.

# 더하기 6 : (1~14)+6

학습 체크표

매일 학습이 끝나면 채점을 하고 체크표를 작성하여 나의 실력을 알아보세요.

차시	단계	공부한 날	잘 했나요?
1차시	1단계	월 일	😊 🙂 😑 😣
2차시		월 일	😊 🙂 😑 😣
3차시		월 일	😊 🙂 😑 😣
4차시		월 일	😊 🙂 😑 😣
5차시		월 일	😊 🙂 😑 😣
6차시		월 일	😊 🙂 😑 😣
7차시		월 일	😊 🙂 😑 😣
8차시		월 일	😊 🙂 😑 😣
9차시	2단계	월 일	😊 🙂 😑 😣
10차시		월 일	😊 🙂 😑 😣
11차시	3단계	월 일	😊 🙂 😑 😣
12차시		월 일	😊 🙂 😑 😣

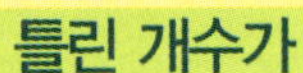

틀린 개수가

0~1 개이면 😊 (아주 잘함)에, 2~3 개이면 🙂 (잘함)에,

4~5 개이면 😑 (보통)에, 6 개 이상이면 😣 (노력 바람)에 색칠해 주세요.

학습목표 수막대, 블록 등을 활용하여 합이 20 이하인 더하기 6의 계산 원리를 이해하고 수의 자릿수에 맞추어 능숙하게 계산할 수 있습니다.

1주

어때?
좋아요!
장난감

그럼 7!
엄마는 뒤로.
7 더하기 6은 13
이니까 13걸음 앞으로!
빨리 가야 되니까 큰 수를
불러 주세요!
시작
7+6=13

그럼 11!
엄마는 또
뒤로 간다!
야호~♪
11+6=13
시작
네! 저는
11 더하기 6은 17이니까
17걸음 앞으로 갈게요!

1주

와!
도착했다!

엄마! 이제
로봇 사주...
어?!

버스 왔다!
빨리 오렴.
BUS
으앙~
엄마 너무해요~

➕ 수를 모아 ☐ 안에 알맞은 수를 쓰고 덧셈을 하세요.

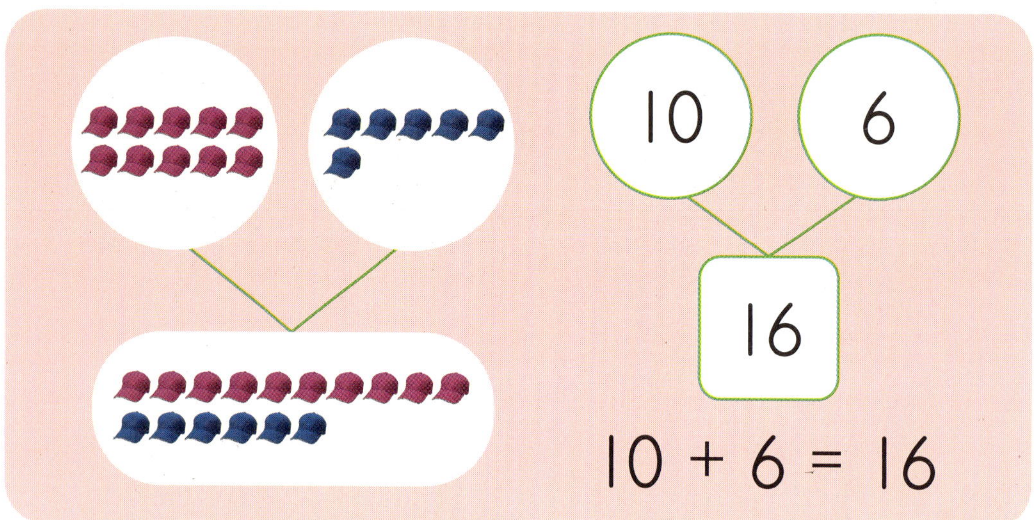

$$10 + 6 = 16$$

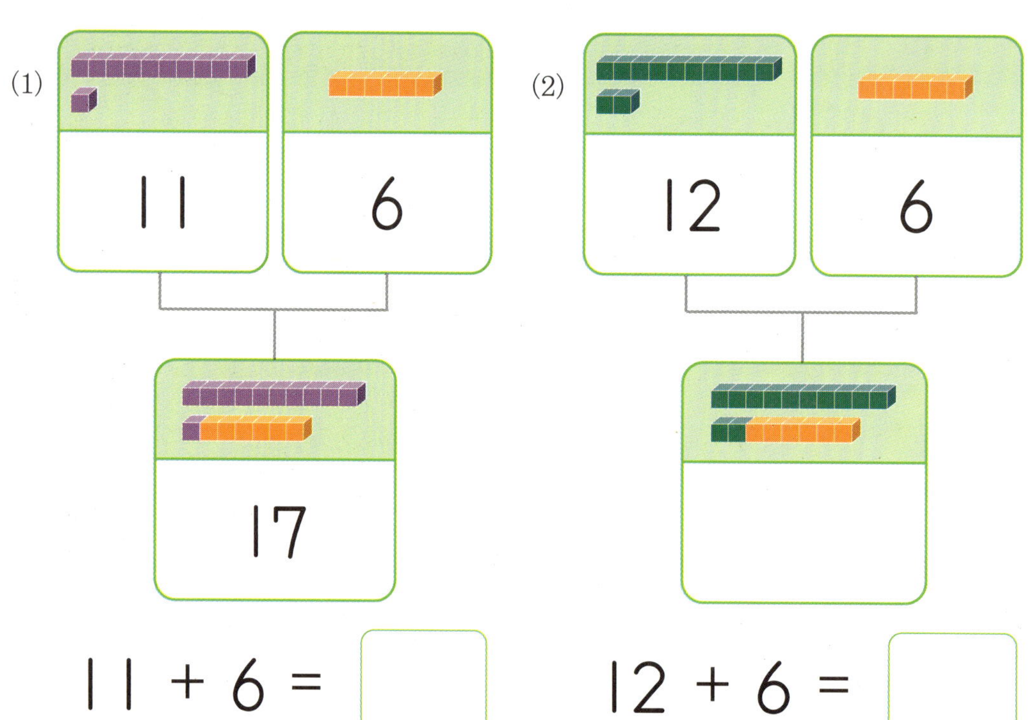

(1) $11 + 6 = $ ☐

(2) $12 + 6 = $ ☐

꼭꼭   구체물의 두 수를 합하여 세어 보고 덧셈의 개념으로 이해하게 합니다. 모두 몇인지 알아보는 과정에서 덧셈의 원리를 알게 합니다.

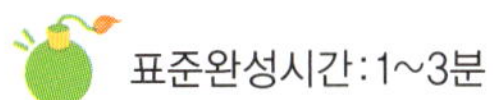

수를 모아 ☐ 안에 알맞은 수를 쓰고 덧셈을 하세요.

1주

(3) 

19

$13 + 6 = 19$

(4) 

$14 + 6 = $ ☐

(5) 

$12 + 6 = $ ☐

(6) 

$11 + 6 = $ ☐

(7) 

$14 + 6 = $ ☐

(8) 

$10 + 6 = $ ☐

➕ 다음 덧셈을 하세요.

  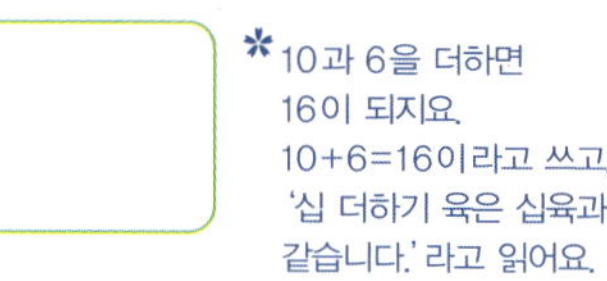

(1) 10 + 6 =
십　더하기　육　은

* 10과 6을 더하면
16이 되지요.
10+6=16이라고 쓰고,
'십 더하기 육은 십육과
같습니다.' 라고 읽어요.

(2) 11 + 6 =
십일　더하기　육　은

(3) 12 + 6 =
십이　더하기　육　은

(4) 13 + 6 =
십삼　더하기　육　은

(5) 14 + 6 =
십사　더하기　육　은

 더해지는 수가 1씩 커짐에 따라 답이 1씩 커지는 것을 블록의 수를 합하여 세어 보면서 알게 합니다.

1주

➕ 다음 덧셈을 하세요.

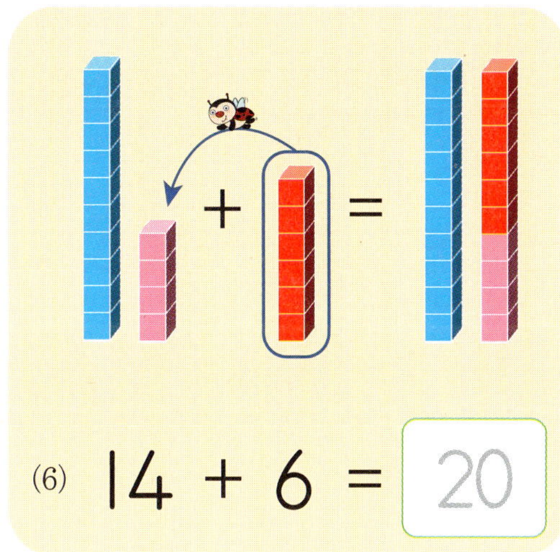

(6) $14 + 6 = \boxed{20}$

(7) $12 + 6 = \boxed{}$

(8) $13 + 6 = \boxed{}$

(9) $10 + 6 = \boxed{}$

(10) $13 + 6 = \boxed{}$

(11) $14 + 6 = \boxed{}$

(12) $11 + 6 = \boxed{}$

(13) $12 + 6 = \boxed{}$

(14) $14 + 6 = \boxed{}$

(15) $11 + 6 = \boxed{}$

(16) $10 + 6 = \boxed{}$

(17) $13 + 6 = \boxed{}$

(18) $12 + 6 = \boxed{}$

(19) $14 + 6 = \boxed{}$

❸ 차시 더하기 6 : (1~14)+6 　　　　　　**1**단계

➕ 다음 덧셈을 하세요.

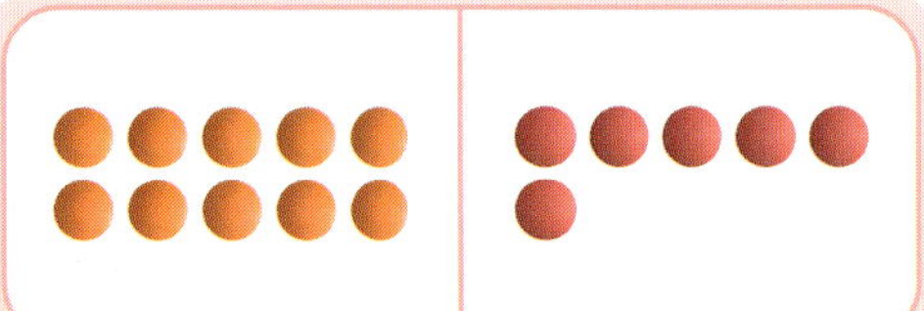

(1) $10 + 6 =$ ☐

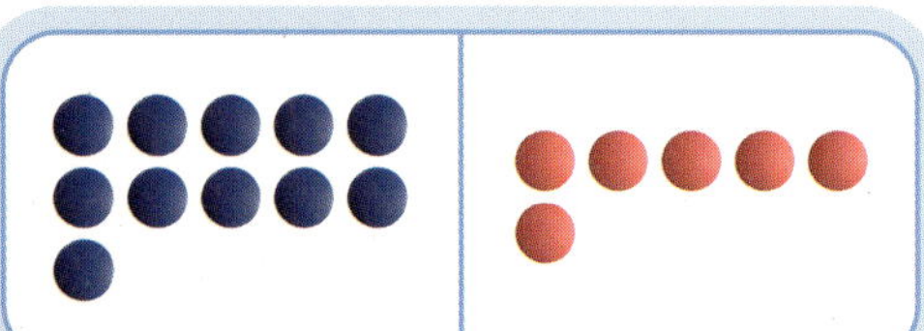

(2) $11 + 6 =$ ☐

(3) $12 + 6 =$ ☐　　　　(4) $13 + 6 =$ ☐

(5) $14 + 6 =$ ☐　　　　(6) $12 + 6 =$ ☐

(7) $13 + 6 =$ ☐　　　　(8) $14 + 6 =$ ☐

(9) $11 + 6 =$ ☐　　　　(10) $10 + 6 =$ ☐

(11) $14 + 6 =$ ☐　　　　(12) $11 + 6 =$ ☐

(13) $13 + 6 =$ ☐　　　　(14) $12 + 6 =$ ☐

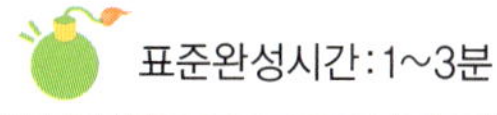

다음 덧셈을 하세요.

(15) 12 + 6 =

(16) 13 + 6 =

(17) 10 + 6 =

(18) 11 + 6 =

(19) 14 + 6 =

(20) 10 + 6 =

(21) 11 + 6 =

(22) 14 + 6 =

(23) 12 + 6 =

(24) 13 + 6 =

(25) 14 + 6 =

(26) 12 + 6 =

(27) 11 + 6 =

(28) 14 + 6 =

(29) 13 + 6 =

(30) 10 + 6 =

◆ 다음 덧셈을 하세요.

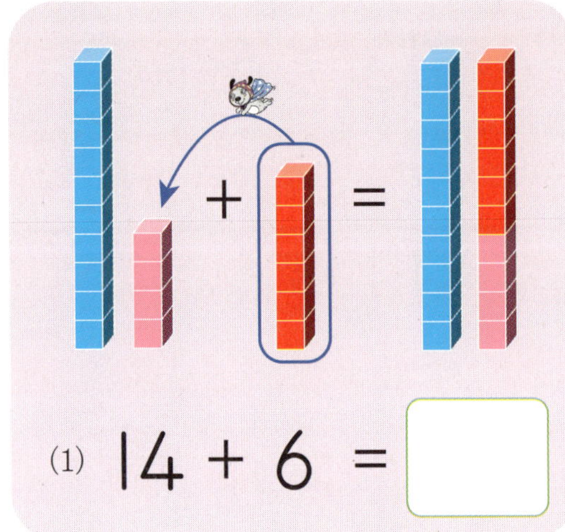

(1) $14 + 6 =$

(2) $12 + 6 =$

(3) $10 + 6 =$

(4) $13 + 6 =$

(5) $11 + 6 =$

(6) $10 + 6 =$

(7) $12 + 6 =$

(8) $11 + 6 =$

(9) $14 + 6 =$

(10) $12 + 6 =$

(11) $11 + 6 =$

(12) $10 + 6 =$

(13) $13 + 6 =$

(14) $14 + 6 =$

다음 덧셈을 하세요.

1주

(15) $10 + 6 =$ ☐　　　(16) $11 + 6 =$ ☐

(17) $13 + 6 =$ ☐　　　(18) $14 + 6 =$ ☐

(19) $12 + 6 =$ ☐　　　(20) $10 + 6 =$ ☐

(21) $13 + 6 =$ ☐　　　(22) $12 + 6 =$ ☐

(23) $14 + 6 =$ ☐　　　(24) $11 + 6 =$ ☐

(25) $8 + 6 =$ ☐　　　(26) $7 + 6 =$ ☐

(27) $6 + 6 =$ ☐　　　(28) $5 + 6 =$ ☐

(29) $13 + 6 =$ ☐　　　(30) $14 + 6 =$ ☐

✿ 다음 덧셈을 하세요.

(1) 1 + 6 = ☐　　1 + |||||| = ||||||
* 일의 자리 숫자 1과 6을 더하여 오른쪽에 써요.

11 + 6 = ☐　　⑩ 1 + |||||| = ⑩ ||||||
* 십의 자리 숫자는 그대로 왼쪽에 써요.

(2) 2 + 6 = ☐　　(3) 4 + 6 = ☐

12 + 6 = ☐　　14 + 6 = ☐

(4) 3 + 6 = ☐　　(5) 7 + 6 = ☐

13 + 6 = ☐　　(6) 8 + 6 = ☐

(7) 5 + 6 = ☐　　(8) 9 + 6 = ☐

(9) 10 + 6 = ☐　　(10) 11 + 6 = ☐

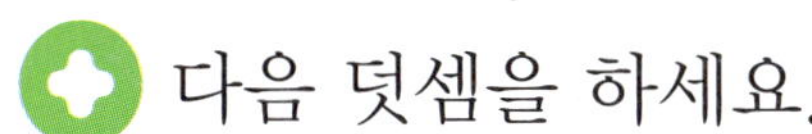 다음 덧셈을 하세요.

(11)　2 + 6 = ☐　　　　(12)　3 + 6 = ☐

(13)　5 + 6 = ☐　　　　(14)　1 + 6 = ☐

(15)　4 + 6 = ☐　　　　(16)　6 + 6 = ☐

(17)　7 + 6 = ☐　　　　(18)　8 + 6 = ☐

(19)　9 + 6 = ☐　　　　(20)　10 + 6 = ☐

(21)　13 + 6 = ☐　　　　(22)　12 + 6 = ☐

(23)　11 + 6 = ☐　　　　(24)　14 + 6 = ☐

(25)　6 + 6 = ☐　　　　(26)　9 + 6 = ☐

 같은 것끼리 줄로 이으세요.

(1)  12 + 6 •

(2)  10 + 6 •

(3)  14 + 6 •

(4) 11 + 6 •

(5) 13 + 6 •

 • 16

 • 18

 • 17

 • 20

 • 19

 꼭꼭　먼저 더하기를 하여 답을 쓴 후, 알맞은 답을 찾아 줄로 잇게 합니다.

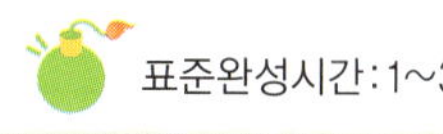

다음 덧셈을 하세요.

1주

(6) $14 + 6 = \boxed{}$　　(7) $6 + 6 = \boxed{}$

(8) $5 + 6 = \boxed{}$　　(9) $1 + 6 = \boxed{}$

(10) $10 + 6 = \boxed{}$　　(11) $3 + 6 = \boxed{}$

(12) $7 + 6 = \boxed{}$　　(13) $8 + 6 = \boxed{}$

(14) $9 + 6 = \boxed{}$　　(15) $10 + 6 = \boxed{}$

(16) $4 + 6 = \boxed{}$　　(17) $12 + 6 = \boxed{}$

(18) $11 + 6 = \boxed{}$　　(19) $13 + 6 = \boxed{}$

(20) $2 + 6 = \boxed{}$　　(21) $7 + 6 = \boxed{}$

7차시　더하기 6 : (1~14)+6

● 다음 덧셈을 하세요.

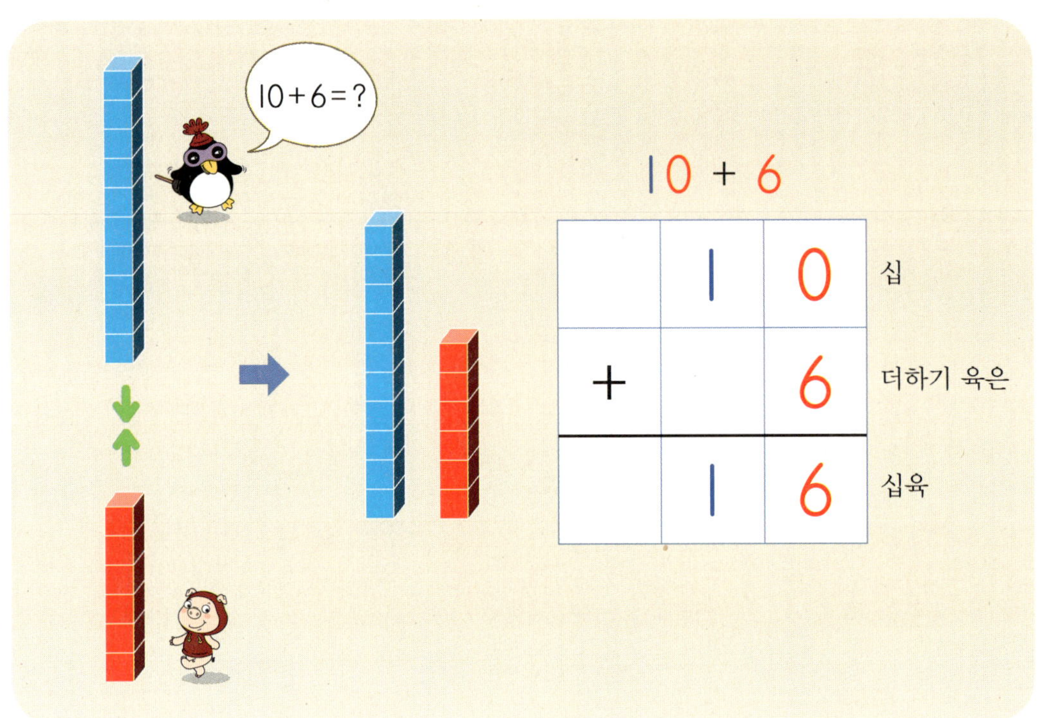

(1) 11 + 6

	1	1
+		6

(2) 12 + 6

	1	2
+		6

(3) 13 + 6

	1	3
+		6

 꼭꼭　받아올림이 없는 (두 자리 수)+(한 자리 수)의 계산은 일의 자리 숫자끼리 더하여 답을 일의 자리에 쓰고 십의 자리 숫자는 그대로 십의 자리에 내려씁니다.

 다음 덧셈을 하세요.

1주

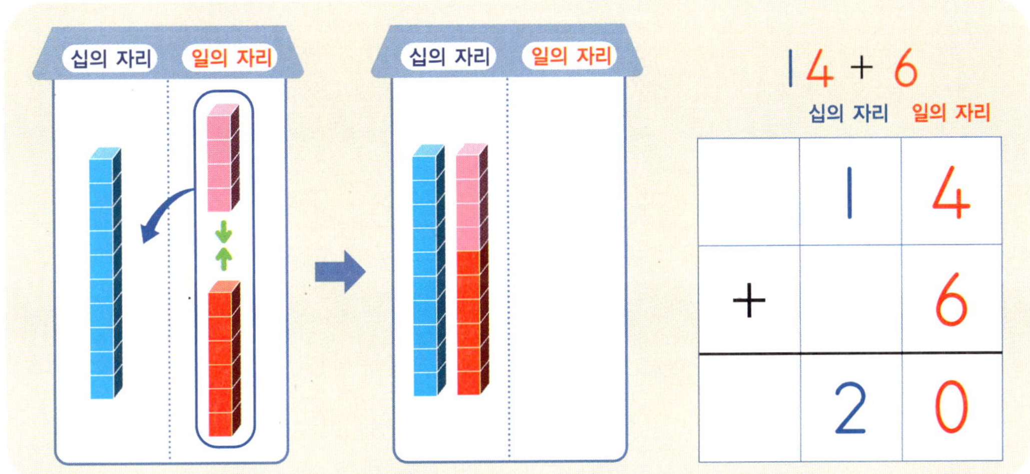

(4)   11 + 6

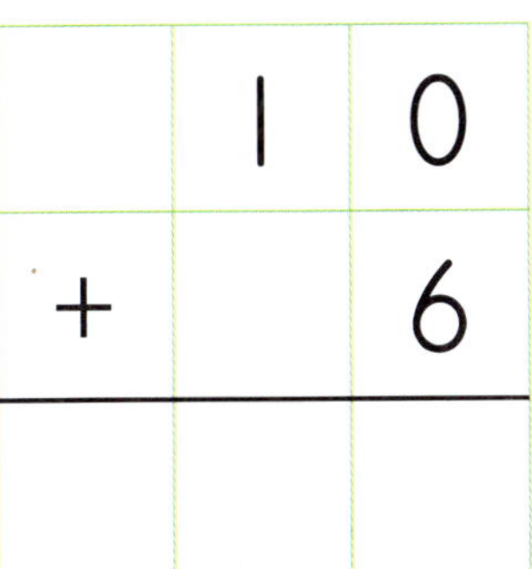

(5)   13 + 6

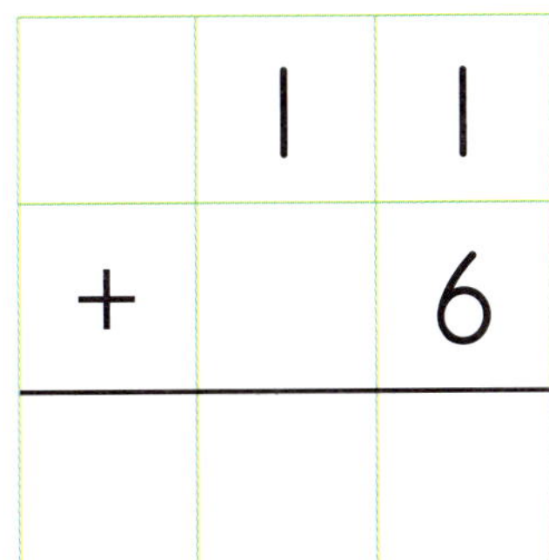

(6)   12 + 6

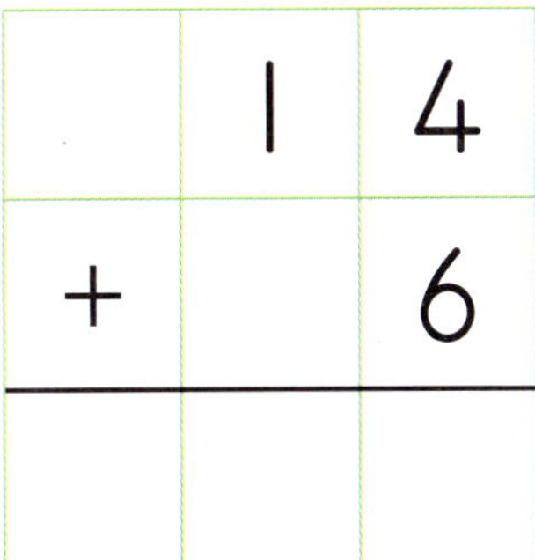

(7)   10 + 6

(8)   11 + 6

(9)   14 + 6

 다음 덧셈을 하세요.

(1)

	1	2
+		6

(2)

	1	3
+		6

(3)

	1	1
+		6

(4)

	1	0
+		6

(5)

	1	2
+		6

(6)

	1	4
+		6

(7)

	1	3
+		6

(8)

	1	4
+		6

(9)

	1	0
+		6

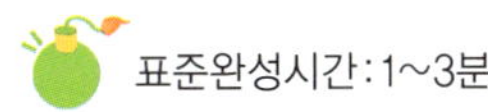

 다음 덧셈을 하세요.

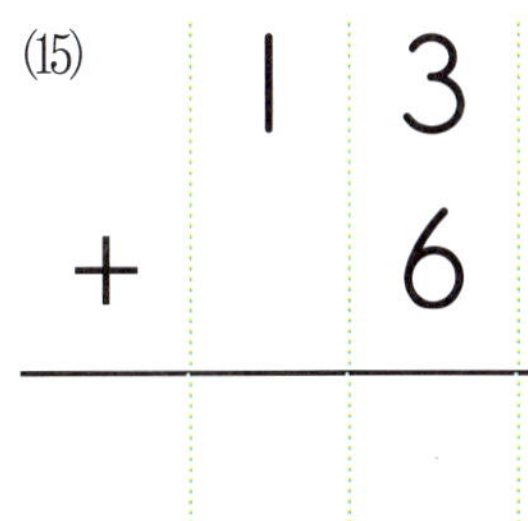

(10)
$$\begin{array}{r} 11 \\ +\ \ 6 \\ \hline \end{array}$$

(11)
$$\begin{array}{r} 13 \\ +\ \ 6 \\ \hline \end{array}$$

(12)
$$\begin{array}{r} 14 \\ +\ \ 6 \\ \hline \end{array}$$

(13)
$$\begin{array}{r} 10 \\ +\ \ 6 \\ \hline \end{array}$$

(14)
$$\begin{array}{r} 12 \\ +\ \ 6 \\ \hline \end{array}$$

(15)
$$\begin{array}{r} 13 \\ +\ \ 6 \\ \hline \end{array}$$

(16)
$$\begin{array}{r} 12 \\ +\ \ 6 \\ \hline \end{array}$$

(17)
$$\begin{array}{r} 14 \\ +\ \ 6 \\ \hline \end{array}$$

(18)
$$\begin{array}{r} 10 \\ +\ \ 6 \\ \hline \end{array}$$

(19)
$$\begin{array}{r} 13 \\ +\ \ 6 \\ \hline \end{array}$$

(20)
$$\begin{array}{r} 11 \\ +\ \ 6 \\ \hline \end{array}$$

(21)
$$\begin{array}{r} 14 \\ +\ \ 6 \\ \hline \end{array}$$

✚ 다음 덧셈을 하세요.

+6	
10	10+6
11	11+6
12	12+6

세로의 수 10에 가로의 수 6을 더해요.

+6	
13	
14	
11	

+6	
12	
10	
13	

+6	
14	
11	
10	

 더하기 6의 가로셈과 세로셈을 연습하였으므로 식은 세우지 말고 암산으로 답이 나올 수 있게 지도합니다.

1주

○ 다음 덧셈을 하세요.

+6

14	
13	14+6
12	13+6
	12+6

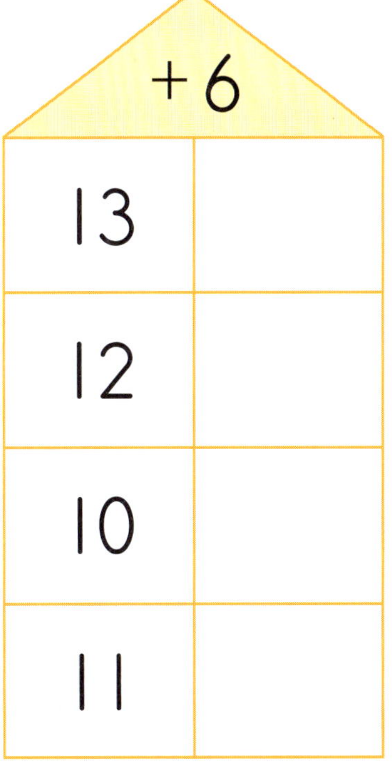

+6

12	
13	
14	

+6

11	
10	
11	
14	

+6

13	
12	
10	
11	

❖ 다음 덧셈을 하세요.

+	12	13	10	14	11
6	12+6	13+6	10+6	14+6	11+6

가로의 수 12에
세로의 수 6을
더해요.

+	10	12	11	13	14
6					

+	11	14	12	10	13
6					

✿ 다음 덧셈을 하세요.

1주

+	4	11	8	10	12	9
6						
	4+6	11+6	8+6	10+6	12+6	9+6

가로의 수 4에
세로의 수 6을
더해요.

+	5	2	13	3	6	7
6						

+	1	14	9	6	8	10
6						

● □ 안에 알맞은 수를 써넣어 덧셈식을 완성하세요.

□ + □ = □

□ + □ = □

 꼭꼭 나무와 꽃에 곤충이 몇 마리가 있었는데 몇 마리가 더 왔는지 그림을 보고 말해 보면서 덧셈식을 만들어 보게 합니다.

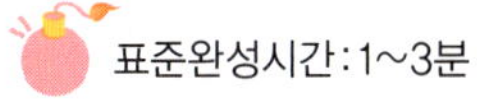

○ 그림에 알맞은 덧셈식을 찾아 ◯하세요.

1주

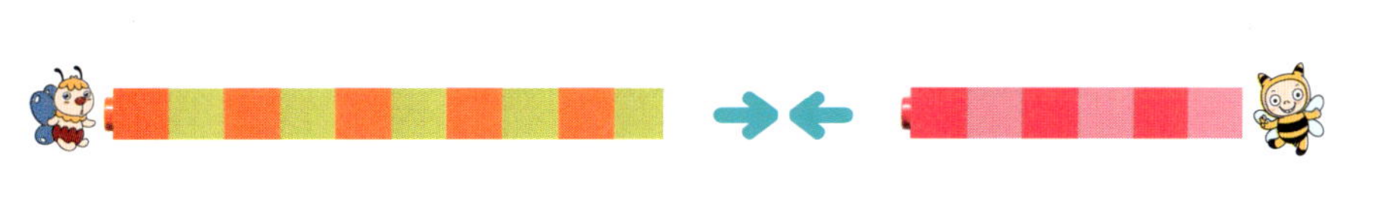

$$10 + 6 = 16 \qquad 11 + 6 = 17 \qquad 12 + 6 = 18$$

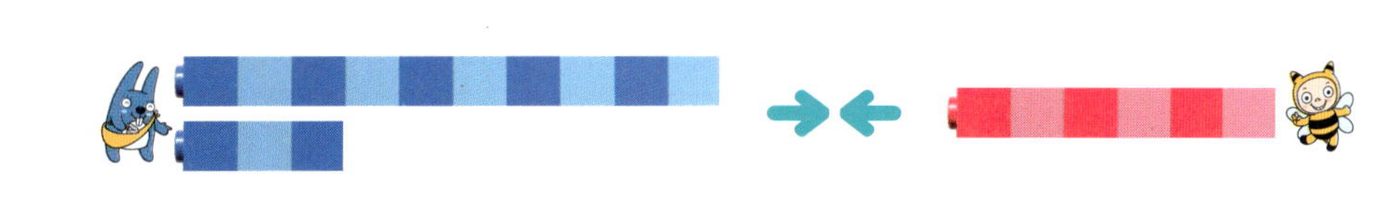

$$11 + 6 = 17 \qquad 13 + 6 = 19 \qquad 14 + 6 = 20$$

$$13 + 6 = 19 \qquad 14 + 6 = 20 \qquad 11 + 6 = 17$$

✿ 식이 완성되도록 ◯를 그리고 ☐ 안에 알맞은 수를 쓰세요.

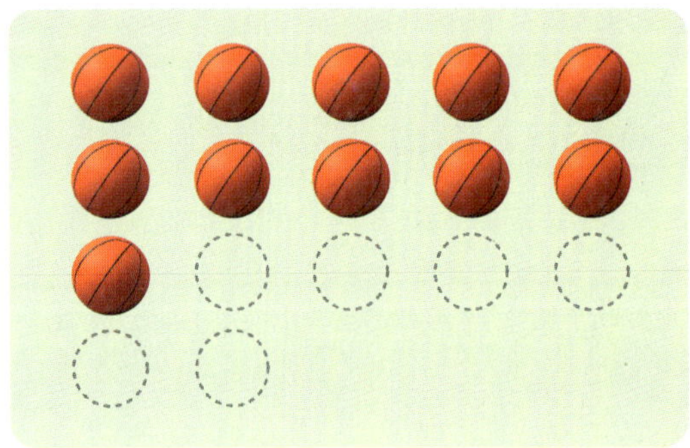

더해지는 수
$11 + \boxed{} = 17$
＊더하는 수

$10 + \boxed{} = 16$

$12 + \boxed{} = 18$

 미지수 구하기는 덧셈과 뺄셈의 관계를 이해하는 데 도움이 됩니다. 덧셈식을 보고 몇 개가 더 있어야 하는지 ◯를 그려 보고 더하는 수의 개념을 이해하게 합니다.

❀ 덧셈을 하고 계산 결과가 가장 큰 덧셈에 색칠하세요.

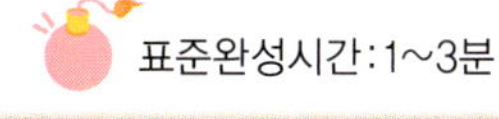

1주

12 + 6　　13 + 6　　11 + 6

14 + 6　　11 + 6　　10 + 6

13 + 6　　14 + 6　　12 + 6

2주 더하기 6 : (1~24)+6

학습 체크표 매일 학습이 끝나면 채점을 하고 체크표를 작성하여 나의 실력을 알아보세요.

차시	단계	공부한 날	잘 했나요?			
13차시		월 일	😊	🙂	😐	😣
14차시		월 일	😊	🙂	😐	😣
15차시		월 일	😊	🙂	😐	😣
16차시	1단계	월 일	😊	🙂	😐	😣
17차시		월 일	😊	🙂	😐	😣
18차시		월 일	😊	🙂	😐	😣
19차시		월 일	😊	🙂	😐	😣
20차시		월 일	😊	🙂	😐	😣
21차시	2단계	월 일	😊	🙂	😐	😣
22차시		월 일	😊	🙂	😐	😣
23차시	3단계	월 일	😊	🙂	😐	😣
24차시		월 일	😊	🙂	😐	😣

틀린 개수가

0~1 개이면 😊 (아주 잘함)에, 2~3 개이면 🙂 (잘함)에,

4~5 개이면 😐 (보통)에, 6 개 이상이면 😣 (노력 바람)에 색칠해 주세요.

만화로 개념 알아보기

 합이 30 이하인 더하기 6의 계산을 가로셈과 세로셈으로 연습하여 능숙하게 계산할 수 있습니다.

2주

만화로 개념 알아보기

좋아, 난 6개를 더한 16개를 들 수 있어!
우와~!!
와...
10+6=16

그럼 난 사과 12개를 들 수 있어!
12+6=18, 난 18개를 들 수 있어!
12+6=18
영차...

쳇! 힘만 세면 다야? 난 방석 15개 위에 올라갈 수 있어.
흥! 그 정도로.

2주

난 15개에 6개 더 올려서 21개에 올라갈 수 있어!
자, 이제 네 과자 나 줘!
15 + 6 = 21
대단하다!

줄 테니까 내려와서 가져가 봐.
잉~ 엄마야... 내려줘~
휘청
휘청

➕ 수를 모아 ☐ 안에 알맞은 수를 쓰고 덧셈을 하세요.

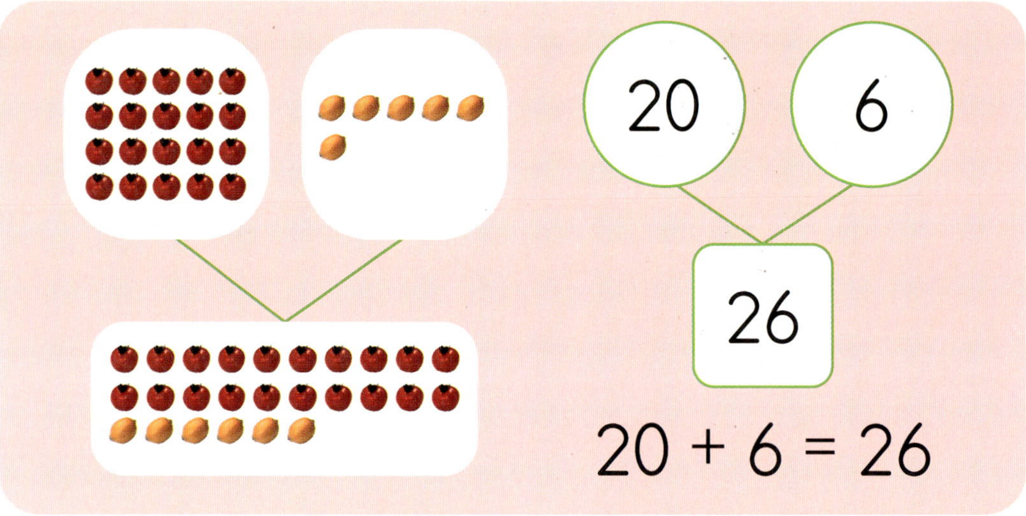

20　　6

26

$$20 + 6 = 26$$

(1) 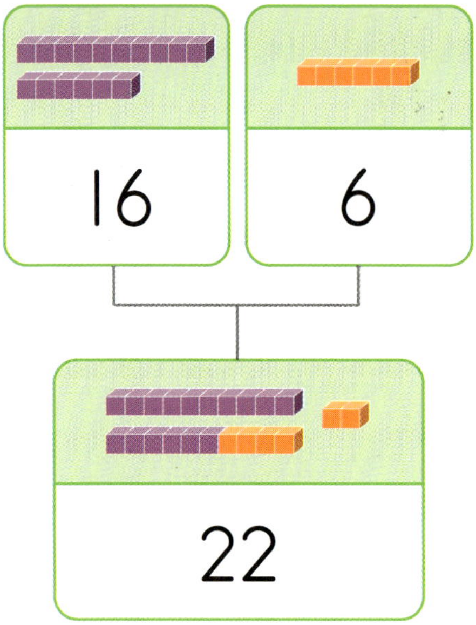　16　　6

22

$$16 + 6 = \boxed{}$$

(2)　17　　6

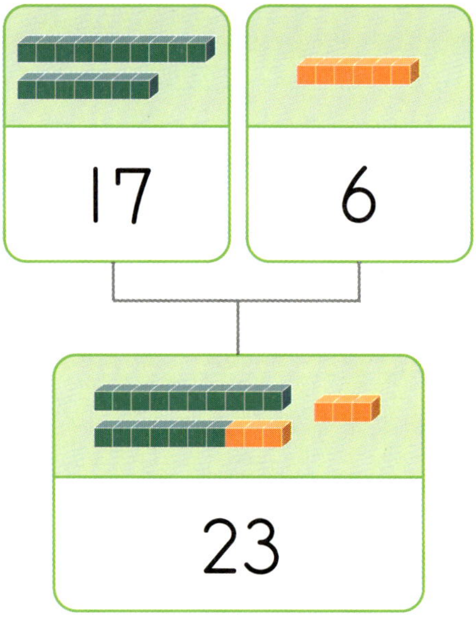

23

$$17 + 6 = \boxed{}$$

 블록이나 수막대 등 반구체물을 합하여 세어 보는 과정을 거쳐 더하기의 개념을 직관적으로 이해하게 합니다.

 수를 모아 ☐ 안에 알맞은 수를 쓰고 덧셈을 하세요.

(3)
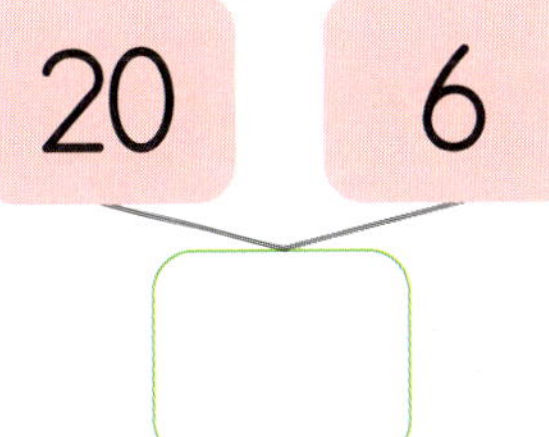

$20 + 6 = \boxed{}$

(4)
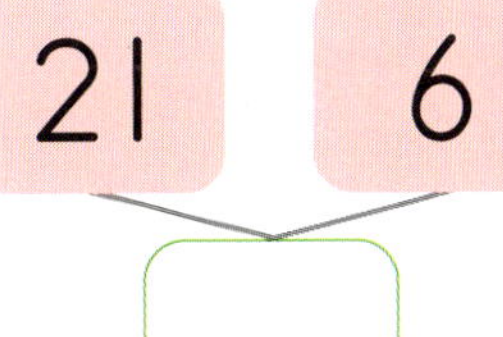

$21 + 6 = \boxed{}$

(5)

$22 + 6 = \boxed{}$

(6)

$23 + 6 = \boxed{}$

(7)
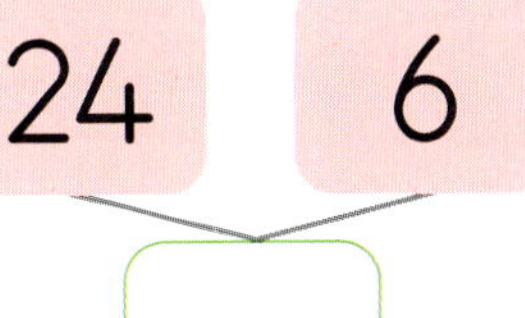

$24 + 6 = \boxed{}$

(8)

$19 + 6 = \boxed{}$

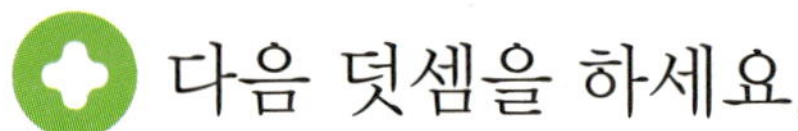

➕ 다음 덧셈을 하세요.

(1) 19 + 6 =
십구   더하기   육   은

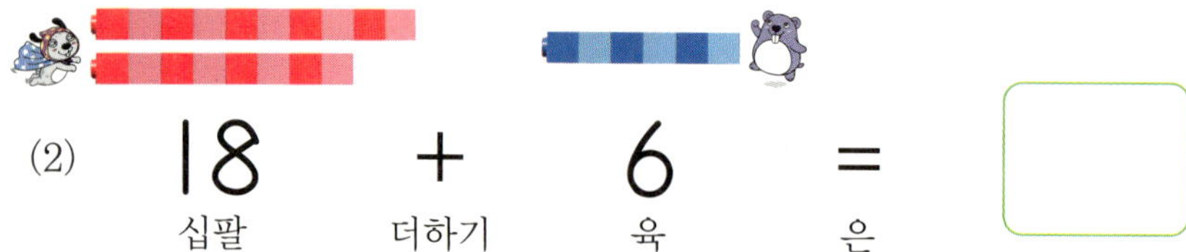

(2) 18 + 6 =
십팔   더하기   육   은

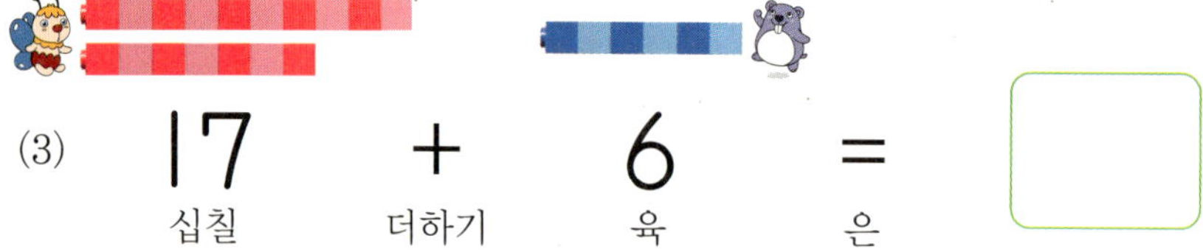

(3) 17 + 6 =
십칠   더하기   육   은

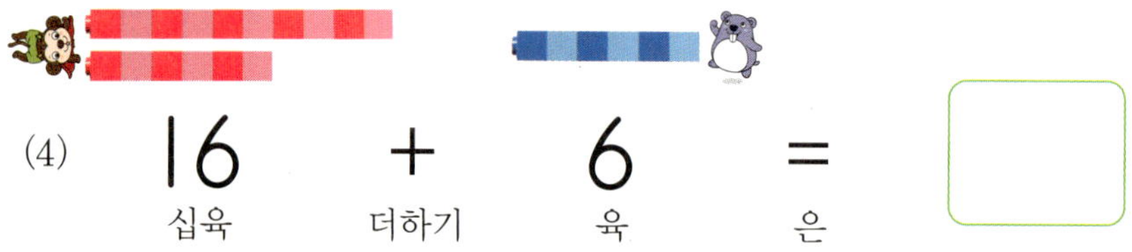

(4) 16 + 6 =
십육   더하기   육   은

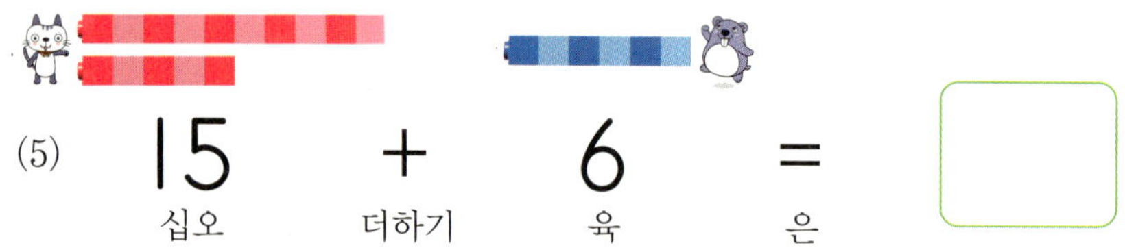

(5) 15 + 6 =
십오   더하기   육   은

 꼭꼭 어떤 수에 더하기 6을 하는 것은 수가 여섯(6)씩 커지는 것을 의미합니다. 아이가 직접 블록을 끼워 보는 활동을 통해 개념을 알고 더하기 6을 충분히 이해할 수 있게 합니다.

➕ 다음 덧셈을 하세요.

(6) $16 + 6 = \boxed{}$

4   2

(7) $15 + 6 = \boxed{}$

5   1

(8) $24 + 6 = \boxed{}$

(9) $23 + 6 = \boxed{}$

(10) $22 + 6 = \boxed{}$

(11) $21 + 6 = \boxed{}$

(12) $20 + 6 = \boxed{}$

(13) $19 + 6 = \boxed{}$

1   5

(14) $18 + 6 = \boxed{}$

2   4

(15) $17 + 6 = \boxed{}$

3   3

(16) $21 + 6 = \boxed{}$

(17) $20 + 6 = \boxed{}$

➕ 다음 덧셈을 하세요.

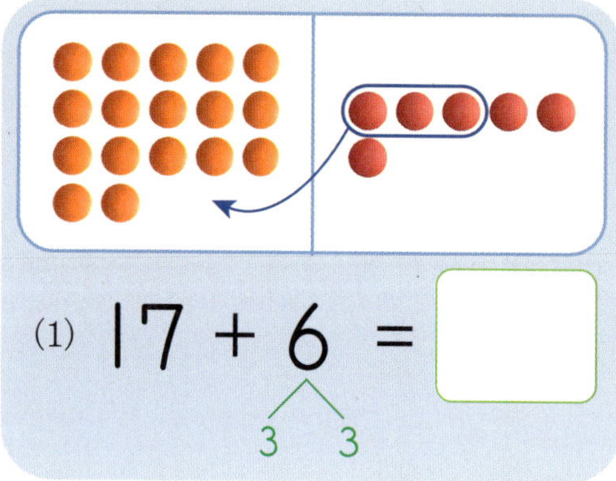

(1) $17 + 6 =$ ☐
　　　3　3

(2) $19 + 6 =$ ☐
　　　1　5

(3) $15 + 6 =$ ☐
　　　5　1

(4) $18 + 6 =$ ☐
　　　2　4

(5) $19 + 6 =$ ☐
　　　1　5

(6) $20 + 6 =$ ☐

(7) $21 + 6 =$ ☐

(8) $22 + 6 =$ ☐

(9) $23 + 6 =$ ☐

(10) $24 + 6 =$ ☐

(11) $20 + 6 =$ ☐

(12) $21 + 6 =$ ☐

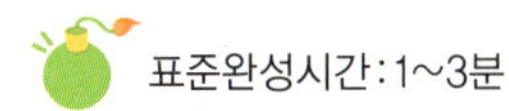

➕ 다음 덧셈을 하세요.

(13) $21 + 6 =$ ☐   (14) $22 + 6 =$ ☐

(15) $16 + 6 =$ ☐   (16) $24 + 6 =$ ☐

        4   2

(17) $15 + 6 =$ ☐   (18) $20 + 6 =$ ☐

        5   1

(19) $17 + 6 =$ ☐   (20) $18 + 6 =$ ☐

        3   3   2   4

(21) $19 + 6 =$ ☐   (22) $20 + 6 =$ ☐

        1   5

(23) $21 + 6 =$ ☐   (24) $22 + 6 =$ ☐

(25) $23 + 6 =$ ☐   (26) $19 + 6 =$ ☐

(27) $18 + 6 =$ ☐   (28) $16 + 6 =$ ☐

➕ 다음 덧셈을 하세요.

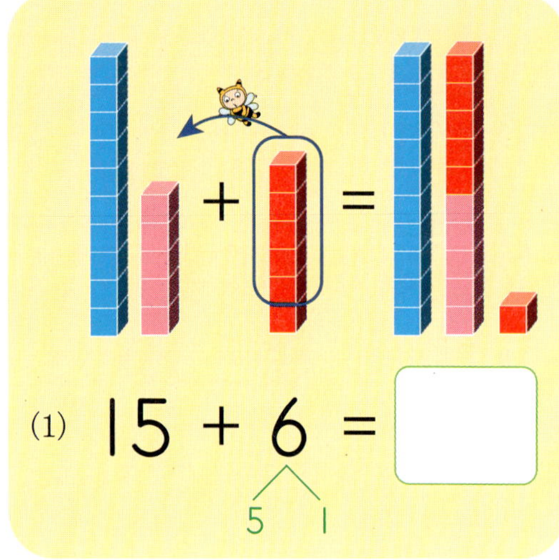

(1) $15 + 6 = \boxed{}$
　　　　5　1

(2) $18 + 6 = \boxed{}$
　　　　2　4

(3) $17 + 6 = \boxed{}$
　　　3　3

(4) $20 + 6 = \boxed{}$

(5) $23 + 6 = \boxed{}$

(6) $24 + 6 = \boxed{}$

(7) $16 + 6 = \boxed{}$
　　　4　2

(8) $19 + 6 = \boxed{}$
　　　1　5

(9) $21 + 6 = \boxed{}$

(10) $22 + 6 = \boxed{}$

꼭꼭 받아올림이 있는 더하기는 더하는 수를 더해지는 수의 일의 자리가 10이 되도록 두 수로 가르기를 하여 계산하는 것이 편리합니다.

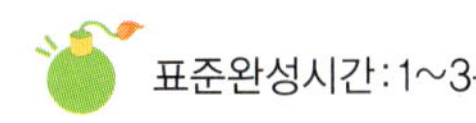

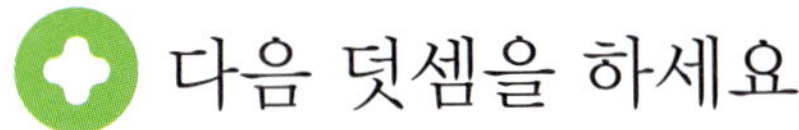 다음 덧셈을 하세요.

(11) $18 + 6 =$ ☐   (12) $15 + 6 =$ ☐

(13) $19 + 6 =$ ☐   (14) $17 + 6 =$ ☐

(15) $20 + 6 =$ ☐   (16) $23 + 6 =$ ☐

(17) $17 + 6 =$ ☐   (18) $16 + 6 =$ ☐

(19) $18 + 6 =$ ☐   (20) $21 + 6 =$ ☐

(21) $23 + 6 =$ ☐   (22) $22 + 6 =$ ☐

(23) $19 + 6 =$ ☐   (24) $16 + 6 =$ ☐

(25) $21 + 6 =$ ☐   (26) $24 + 6 =$ ☐

17차시 더하기 6 : (1~24)+6

 다음 덧셈을 하세요.

(1)
$2 + 6 =$
$12 + 6 =$
$22 + 6 =$

(2)
$4 + 6 =$
$14 + 6 =$
$24 + 6 =$

(3) $3 + 6 =$

$13 + 6 =$

$23 + 6 =$

(4) $1 + 6 =$

$11 + 6 =$

$21 + 6 =$

(5) $16 + 6 =$

(6) $15 + 6 =$

(7) $10 + 6 =$

(8) $20 + 6 =$

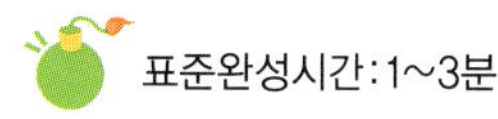

다음 덧셈을 하세요.

(9) $2 + 6 = \boxed{}$　　(10) $7 + 6 = \boxed{}$

(11) $8 + 6 = \boxed{}$　　(12) $9 + 6 = \boxed{}$

(13) $12 + 6 = \boxed{}$　　(14) $14 + 6 = \boxed{}$

(15) $16 + 6 = \boxed{}$　　(16) $18 + 6 = \boxed{}$

(17) $19 + 6 = \boxed{}$　　(18) $20 + 6 = \boxed{}$

(19) $21 + 6 = \boxed{}$　　(20) $24 + 6 = \boxed{}$

(21) $17 + 6 = \boxed{}$　　(22) $11 + 6 = \boxed{}$

(23) $3 + 6 = \boxed{}$　　(24) $5 + 6 = \boxed{}$

◆ 다음 덧셈을 하세요.

(1)　16 + 6

	1	6
+		6

(2)　17 + 6

	1	7
+		6

(3)　18 + 6

	1	8
+		6

꼭꼭　십(10)이 한 묶음이 되게 수를 모으며 받아올림이 있는 덧셈을 해 보고 익숙해지면 세로셈으로 일과 십의 자릿수를 잘 맞춰서 계산할 수 있게 합니다.

➕ 다음 덧셈을 하세요.

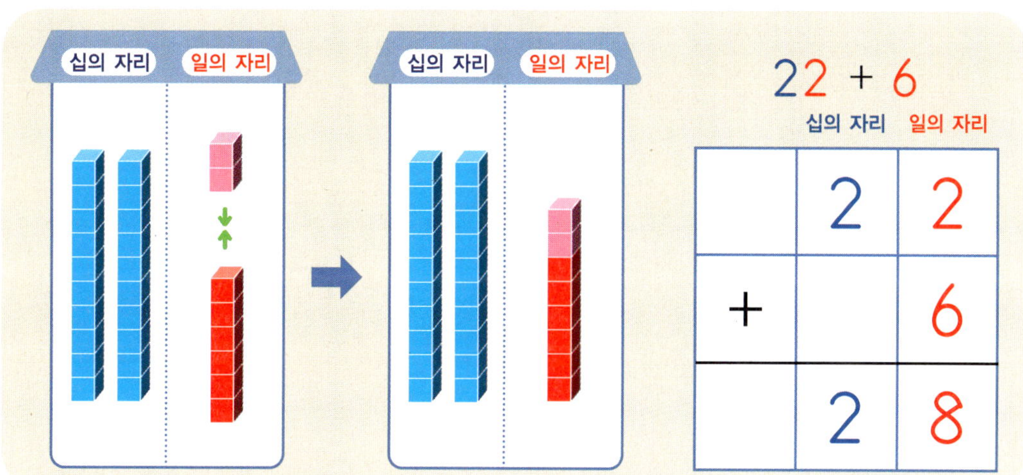

2주

(4)　20 + 6

	2	0
+		6

(5)　21 + 6

	2	1
+		6

(6)　23 + 6

	2	3
+		6

(7)　18 + 6

	1	8
+		6

(8)　19 + 6

	1	9
+		6

(9)　17 + 6

	1	7
+		6

 다음 덧셈을 하세요.

(1)

	2	2
+		6

(2)

	2	4
+		6

(3)

	1	9
+		6

(4)

	2	1
+		6

(5)

	1	6
+		6

(6)

	1	8
+		6

(7)

	2	0
+		6

(8)

	2	3
+		6

(9)

	1	7
+		6

 일의 자리, 십의 자리의 자릿수에 맞춰 각각 계산한 뒤 바르게 내려쓰게 합니다.

다음 덧셈을 하세요.

(10)

	2	3
+		6

(11)

	1	8
+		6

(12)

	1	9
+		6

(13)

	2	0
+		6

(14)

	2	4
+		6

(15)

	2	1
+		6

(16)

	2	2
+		6

(17)

	1	7
+		6

(18)

	1	6
+		6

✚ 다음 덧셈을 하세요.

(1)
$$\begin{array}{r} 2\ 0 \\ +\ \ 6 \\ \hline \end{array}$$

(2)
$$\begin{array}{r} 1\ 5 \\ +\ \ 6 \\ \hline \end{array}$$

(3)
$$\begin{array}{r} 1\ 7 \\ +\ \ 6 \\ \hline \end{array}$$

(4)
$$\begin{array}{r} 2\ 2 \\ +\ \ 6 \\ \hline \end{array}$$

(5)
$$\begin{array}{r} 2\ 1 \\ +\ \ 6 \\ \hline \end{array}$$

(6)
$$\begin{array}{r} 2\ 4 \\ +\ \ 6 \\ \hline \end{array}$$

(7)
$$\begin{array}{r} 1\ 6 \\ +\ \ 6 \\ \hline \end{array}$$

(8)
$$\begin{array}{r} 1\ 9 \\ +\ \ 6 \\ \hline \end{array}$$

(9)
$$\begin{array}{r} 1\ 8 \\ +\ \ 6 \\ \hline \end{array}$$

(10)
$$\begin{array}{r} 2\ 3 \\ +\ \ 6 \\ \hline \end{array}$$

(11)
$$\begin{array}{r} 1\ 8 \\ +\ \ 6 \\ \hline \end{array}$$

(12)
$$\begin{array}{r} 1\ 5 \\ +\ \ 6 \\ \hline \end{array}$$

◆ 다음 덧셈을 하세요.

(13)
$$\begin{array}{r} 1\,6 \\ +6 \\ \hline \end{array}$$

(14)
$$\begin{array}{r} 1\,8 \\ +6 \\ \hline \end{array}$$

(15)
$$\begin{array}{r} 1\,9 \\ +6 \\ \hline \end{array}$$

(16)
$$\begin{array}{r} 2\,1 \\ +6 \\ \hline \end{array}$$

(17)
$$\begin{array}{r} 2\,0 \\ +6 \\ \hline \end{array}$$

(18)
$$\begin{array}{r} 2\,3 \\ +6 \\ \hline \end{array}$$

(19)
$$\begin{array}{r} 1\,5 \\ +6 \\ \hline \end{array}$$

(20)
$$\begin{array}{r} 1\,9 \\ +6 \\ \hline \end{array}$$

(21)
$$\begin{array}{r} 1\,7 \\ +6 \\ \hline \end{array}$$

(22)
$$\begin{array}{r} 2\,4 \\ +6 \\ \hline \end{array}$$

(23)
$$\begin{array}{r} 2\,3 \\ +6 \\ \hline \end{array}$$

(24)
$$\begin{array}{r} 2\,2 \\ +6 \\ \hline \end{array}$$

21차시 더하기 6 : (1~24)+6

2단계

➕ 다음 덧셈을 하세요.

+6

15	15+6
14	14+6
13	13+6

+6

18	
19	
20	

+6

21	
22	
23	

+6

24	
23	
22	

 **꼭꼭** 학습 방법을 바꾸면 아이 스스로 공부를 즐길 수 있습니다. 무조건 계산을 하여 답을 내기보다는 스스로 원리를 깨닫고 놀이를 하듯 계산을 할 수 있게 하면 학습의 흥미가 높아집니다.

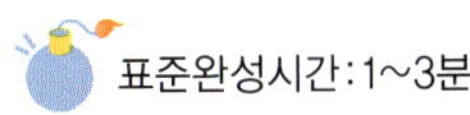

 다음 덧셈을 하세요.

+	6
24	24+6
22	22+6
21	21+6
20	20+6
19	19+6
18	18+6
17	17+6

+	6
16	
15	
21	
24	
18	
23	
20	

2주

22 차시 더하기 6 : (1~24)+6

다음 덧셈을 하세요.

+	16	21	9	11	8	13
6	16+6	21+6	9+6	11+6	8+6	13+6

가로의 수 16에
세로의 수 6을
더해요.

+	6	1	23	14	17	20
6						

+	12	15	19	24	18	10
6						

다음 덧셈을 하세요.

+	14	12	19	11	5	23
6						
	14+6	12+6	19+6	11+6	5+6	23+6

가로의 수 14에
세로의 수 6을
더해요.

+	7	2	24	15	18	22
6						

+	13	16	20	21	17	6
6						

23차시 더하기 6 : (1~24)+6

3단계

 □ 안에 알맞은 수를 써넣어 덧셈식을 완성하세요.

□ + □ = □

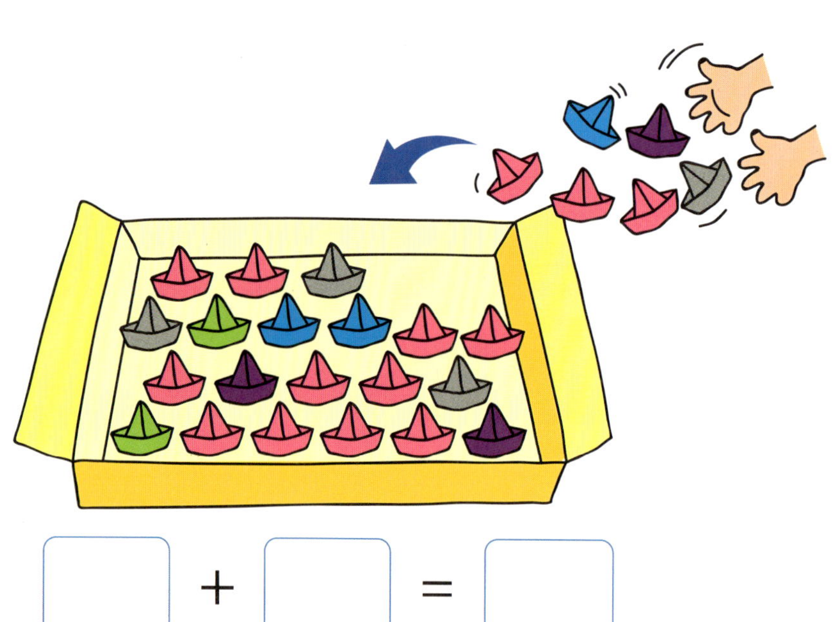

□ + □ = □

 그림을 보고 어떤 상황인지 말로 표현해 보며 □ 안에 알맞은 수를 써넣고 덧셈식을 완성할 수 있게 합니다.

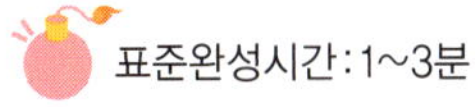

그림에 알맞은 덧셈식을 찾아 색칠하세요.

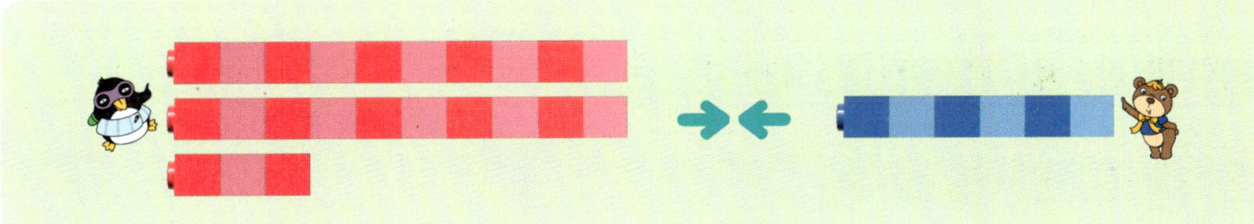

| $15 + 6 = 21$ | $23 + 6 = 29$ | $13 + 6 = 19$ |

| $21 + 6 = 27$ | $24 + 6 = 30$ | $22 + 6 = 28$ |

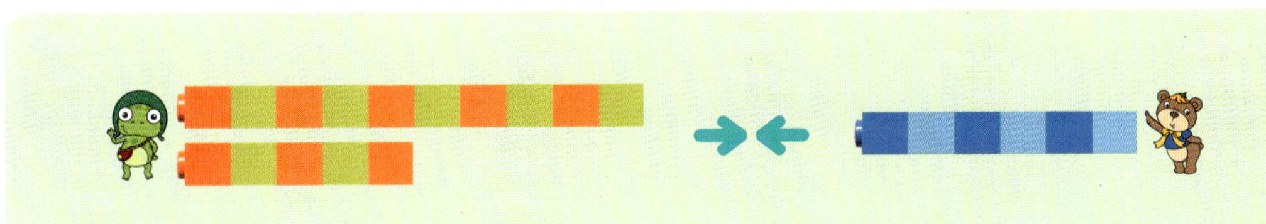

| $15 + 6 = 21$ | $6 + 6 = 12$ | $14 + 6 = 20$ |

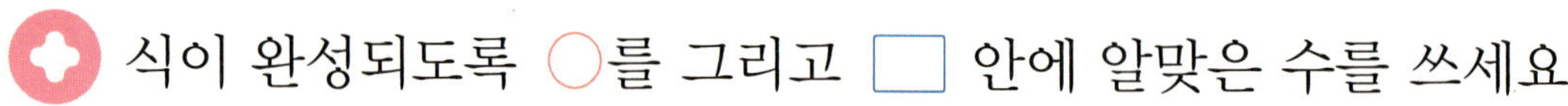

24 차시　더하기 6 : (1~24)+6　　3단계

🔷 식이 완성되도록 ◯를 그리고 ☐ 안에 알맞은 수를 쓰세요.

$$17 + \boxed{} = 23$$

$$20 + \boxed{} = 26$$

$$18 + \boxed{} = 24$$

 구체물의 수를 세면서 더하는 수가 몇인지 알아보고 덧셈식의 관계를 이해하게 합니다.

✿ 덧셈을 하고 계산 결과가 가장 큰 덧셈에 ◯하세요.

 **3주** 더하기 4, 5, 6의 종합

학습 체크표 매일 학습이 끝나면 채점을 하고 체크표를 작성하여 나의 실력을 알아보세요.

차시	단계	공부한 날	잘 했나요?
25차시		월 일	☺ ☺ 😐 😖
26차시		월 일	☺ ☺ 😐 😖
27차시		월 일	☺ ☺ 😐 😖
28차시		월 일	☺ ☺ 😐 😖
29차시	1단계	월 일	☺ ☺ 😐 😖
30차시		월 일	☺ ☺ 😐 😖
31차시		월 일	☺ ☺ 😐 😖
32차시		월 일	☺ ☺ 😐 😖
33차시	2단계	월 일	☺ ☺ 😐 😖
34차시		월 일	☺ ☺ 😐 😖
35차시	3단계	월 일	☺ ☺ 😐 😖
36차시		월 일	☺ ☺ 😐 😖

틀린 개수가

0~1 개이면 ☺ (아주 잘함)에, 2~3 개이면 ☺ (잘함)에,

4~5 개이면 😐 (보통)에, 6 개 이상이면 😖 (노력 바람)에 색칠해 주세요.

만화로 개념 알아보기

어떤 수에 더하는 수가 1씩 커지면 답도 1씩 커지는 규칙을 이해하고 더하기 4, 5, 6의 계산을 능숙하게 할 수 있습니다.

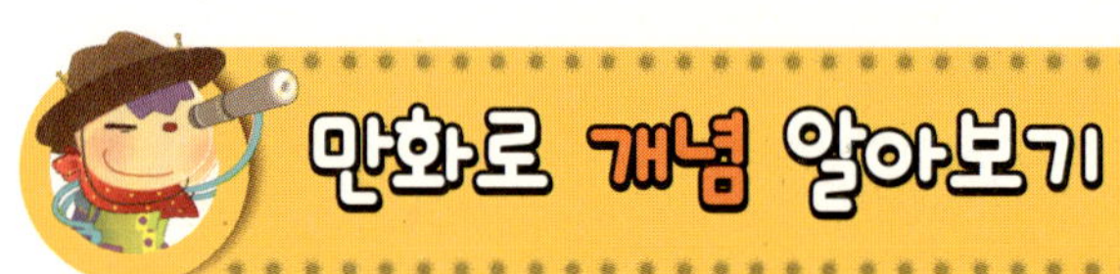

10 + 5 = 15
난 작은
형이니까
5개를 더
먹을게.

쳇, 그래.
그럼 난 4개만
더 먹을게.
히히히~♪
10 + 4 = 14

그래, 막내야!
뭐든지 형들이 많이 먹고
많이 가지는 거야.
그럼 그럼

얘들아, 벽돌 좀 날라 주겠니?
네, 알았어요. 아빠!
앗!
형들이 뭐든 많이 가지는 거라고 했지?
그럼! 왜?
큰 형은 6개, 작은 형은 5개, 난 막내니까 4개!
예구구

25 차시 더하기 4, 5, 6의 종합

➕ 다음 덧셈을 하세요.

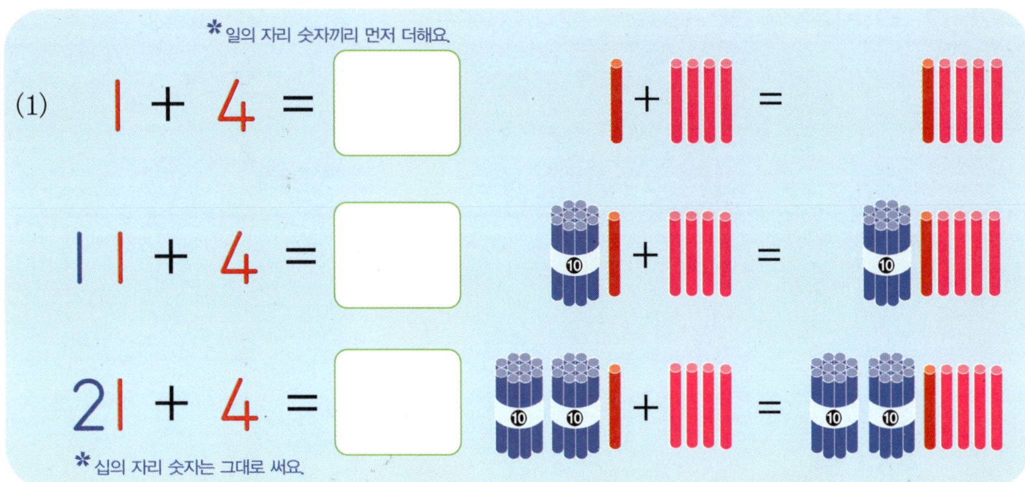

(2) 2 + 5 = ☐
12 + 5 = ☐
22 + 5 = ☐

(3) 3 + 5 = ☐
13 + 5 = ☐
23 + 5 = ☐

(4) 6 + 6 = ☐
16 + 6 = ☐

(5) 16 + 4 = ☐
26 + 4 = ☐

꼭꼭 더하는 수가 같고 더해지는 수가 10씩 커지는 덧셈식입니다.

 다음 덧셈을 하세요.

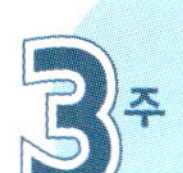

(6)
일의 자리 숫자
3과 4를 더해요.

$3 + 4 = \boxed{}$

$13 + 4 = \boxed{}$

$23 + 4 = \boxed{}$

* 십의 자리 숫자는
일의 자리 왼쪽에 써요.

(7)
$5 + 5 = \boxed{}$

$15 + 5 = \boxed{}$

$25 + 5 = \boxed{}$

(8)
$4 + 6 = \boxed{}$

$14 + 6 = \boxed{}$

$24 + 6 = \boxed{}$

(9)
$2 + 4 = \boxed{}$

$12 + 4 = \boxed{}$

$22 + 4 = \boxed{}$

(10)
$2 + 5 = \boxed{}$

$12 + 5 = \boxed{}$

(11)
$3 + 6 = \boxed{}$

$13 + 6 = \boxed{}$

더하기 4, 5, 6의 종합

➕ 다음 덧셈을 하세요.

(1) 1 + 4 = ☐   (2) 3 + 4 = ☐

    1 + 5 = ☐   3 + 5 = ☐

    1 + 6 = ☐   3 + 6 = ☐

(3) 14 + 4 = ☐   (4) 21 + 4 = ☐

    14 + 5 = ☐   21 + 5 = ☐

    14 + 6 = ☐   21 + 6 = ☐

(5) 5 + 4 = ☐   (6) 10 + 5 = ☐

    5 + 5 = ☐   10 + 6 = ☐

꼭꼭 더하기 4, 5, 6을 하며 1씩 커지는 수를 알아보고 계산하게 합니다.

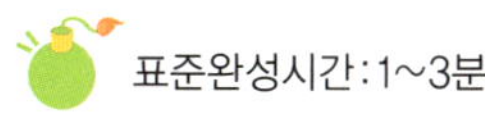

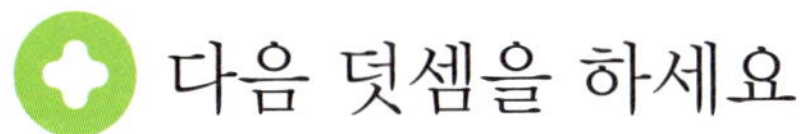 다음 덧셈을 하세요.

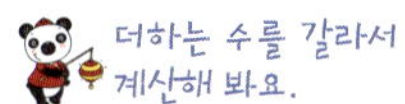

(7) $7 + 4 =$ □

$7 + 5 =$ □

$7 + 6 =$ □

(8) $16 + 4 =$ □

$16 + 5 =$ □

$16 + 6 =$ □

(9) $23 + 4 =$ □

$23 + 5 =$ □

$23 + 6 =$ □

(10) $24 + 4 =$ □

$24 + 5 =$ □

$24 + 6 =$ □

(11) $9 + 4 =$ □

$9 + 5 =$ □

(12) $15 + 5 =$ □

$15 + 6 =$ □

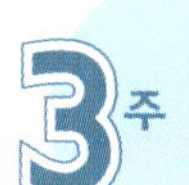

 다음 덧셈을 하세요.

(1) 3 + 4 = ☐ (2) 8 + 4 = ☐

(3) 2 + 5 = ☐ (4) 5 + 6 = ☐

(5) 4 + 4 = ☐ (6) 1 + 4 = ☐

(7) 5 + 4 = ☐ (8) 3 + 6 = ☐

(9) 6 + 5 = ☐ (10) 2 + 6 = ☐

(11) 3 + 5 = ☐ (12) 4 + 6 = ☐

(13) 2 + 4 = ☐ (14) 6 + 4 = ☐

(15) 7 + 6 = ☐ (16) 5 + 5 = ☐

 다음 덧셈을 하세요.

(18) $13 + 6 =$

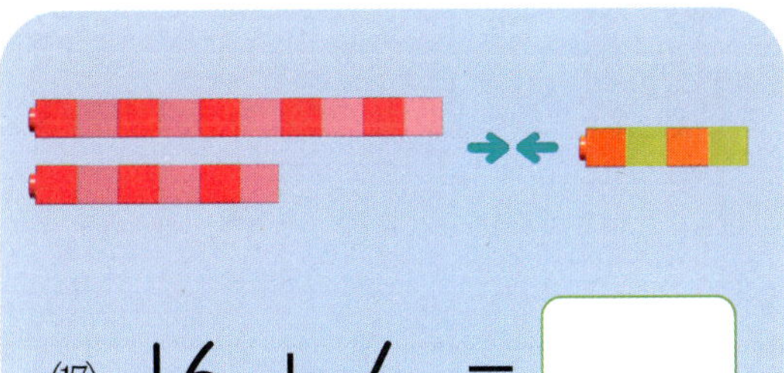

(17) $16 + 4 =$

(19) $14 + 5 =$

(20) $12 + 5 =$

(21) $11 + 5 =$

(22) $14 + 4 =$

(23) $12 + 6 =$

(24) $12 + 4 =$

(25) $11 + 4 =$

(26) $11 + 6 =$

(27) $15 + 5 =$

(28) $15 + 4 =$

(29) $16 + 4 =$

(30) $13 + 4 =$

(31) $14 + 6 =$

 다음 덧셈을 하세요.

(1) $19 + 4 =$ ☐

(2) $21 + 6 =$ ☐

(3) $25 + 5 =$ ☐

(4) $20 + 5 =$ ☐

(5) $24 + 4 =$ ☐

(6) $25 + 4 =$ ☐

(7) $23 + 5 =$ ☐

(8) $22 + 6 =$ ☐

(9) $21 + 5 =$ ☐

(10) $20 + 6 =$ ☐

(11) $25 + 5 =$ ☐

(12) $23 + 4 =$ ☐

(13) $26 + 4 =$ ☐

(14) $22 + 5 =$ ☐

(15) $24 + 6 =$ ☐

○ 다음 덧셈을 하세요.

(16) $1 + 4 = \boxed{}$　　　(17) $2 + 5 = \boxed{}$

(18) $3 + 6 = \boxed{}$　　　(19) $8 + 4 = \boxed{}$
　　　　　　　　　　　　　　　　　　　　2　2

(20) $9 + 5 = \boxed{}$　　　(21) $19 + 6 = \boxed{}$
　　　　　1　4　　　　　　　　　　　　1　5

(22) $23 + 4 = \boxed{}$　　　(23) $18 + 5 = \boxed{}$
　　　　　　　　　　　　　　　　　　　　　2　3

(24) $14 + 6 = \boxed{}$　　　(25) $25 + 4 = \boxed{}$

(26) $25 + 5 = \boxed{}$　　　(27) $15 + 6 = \boxed{}$
　　　　　　　　　　　　　　　　　　　　　3　2

(28) $16 + 4 = \boxed{}$　　　(29) $17 + 5 = \boxed{}$

(30) $24 + 6 = \boxed{}$　　　(31) $24 + 4 = \boxed{}$

29 차시 더하기 4, 5, 6의 종합   **1** 단계

➕ 다음 덧셈을 하세요.

(1)   3 + 6 = ☐   (2)   8 + 5 = ☐

(3)   7 + 4 = ☐   (4)   16 + 5 = ☐

(5)   25 + 4 = ☐   (6)   24 + 6 = ☐

(7)   15 + 4 = ☐   (8)   19 + 5 = ☐

(9)   16 + 6 = ☐   (10)   23 + 6 = ☐

(11)   24 + 5 = ☐   (12)   16 + 4 = ☐

(13)   19 + 4 = ☐   (14)   23 + 5 = ☐

(15)   22 + 5 = ☐   (16)   20 + 4 = ☐

 다음 덧셈을 하세요.

(17) $14 + 6 =$

(18) $6 + 5 =$

(19) $22 + 5 =$

(20) $24 + 6 =$

(21) $10 + 6 =$

(22) $15 + 4 =$

(23) $18 + 4 =$

(24) $8 + 6 =$

(25) $17 + 5 =$

(26) $18 + 5 =$

(27) $23 + 6 =$

(28) $12 + 6 =$

(29) $17 + 4 =$

(30) $25 + 5 =$

(31) $21 + 6 =$

(32) $16 + 6 =$

✚ 다음 덧셈을 하세요.

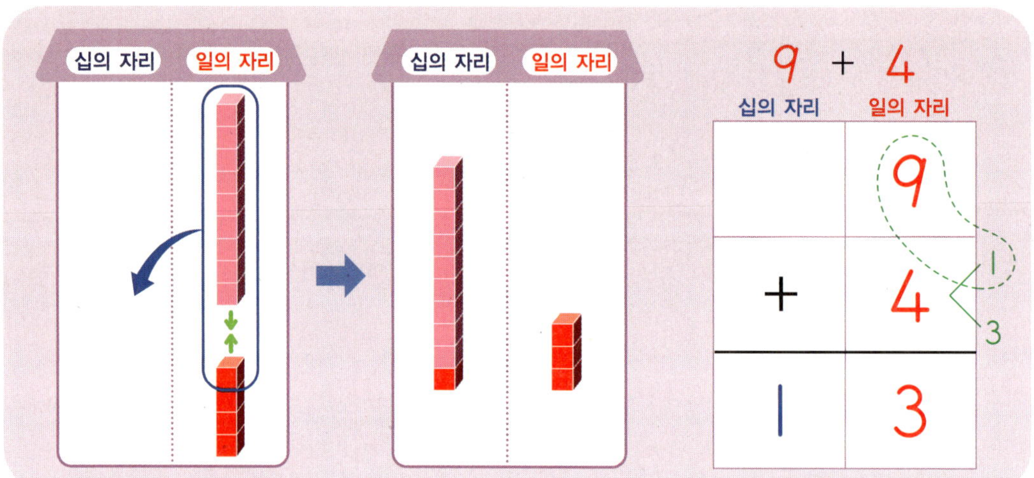

(1) 4 + 4

	4
+	4

(2) 2 + 5

	2
+	5

(3) 3 + 6

	3
+	6

(4) 7 + 4

	7
+	4

(5) 8 + 5

	8
+	5

(6) 9 + 6

	9
+	6

다음 덧셈을 하세요.

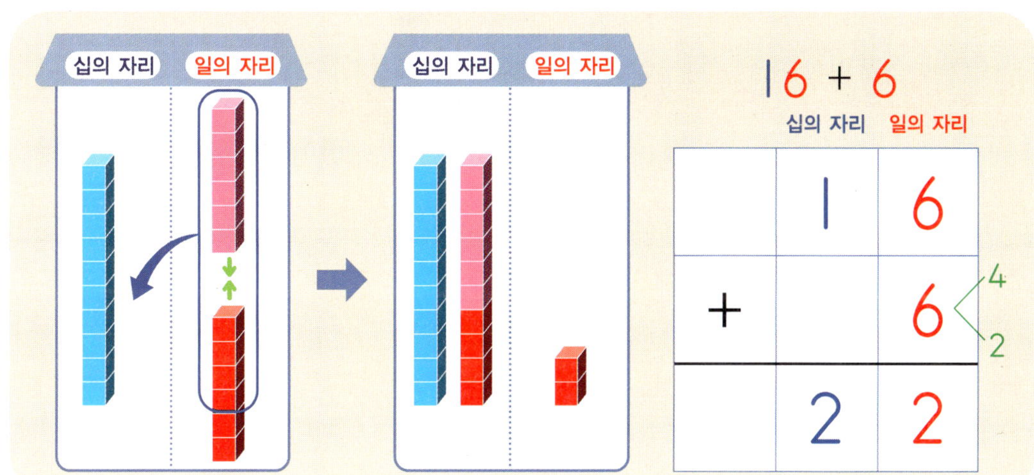

(7) 17 + 4

	1	7
+		4

(8) 18 + 5

	1	8
+		5

(9) 19 + 6

	1	9
+		6

(10) 19 + 5

	1	9
+		5

(11) 18 + 6

	1	8
+		6

(12) 16 + 5

	1	6
+		5

 다음 덧셈을 하세요.

(1)

		3
+		4

(2)

		2
+		5

(3)

		1
+		6

(4)

		7
+		5

(5)

		9
+		4

(6)

		6
+		6

(7)

	1	5
+		4

(8)

	2	3
+		6

(9)

	2	0
+		5

○ 다음 덧셈을 하세요.

(10)
```
  2 3
+   4
-----
```

(11)
```
  1 2
+   5
-----
```

(12)
```
  1 3
+   6
-----
```

(13)
```
  1 1
+   6
-----
```

(14)
```
  1 5
+   4
-----
```

(15)
```
  1 3
+   5
-----
```

(16)
```
  1 0
+   4
-----
```

(17)
```
  2 1
+   5
-----
```

(18)
```
  2 2
+   6
-----
```

(19)
```
    9
+   5
-----
```

(20)
```
  2 4
+   6
-----
```

(21)
```
  1 8
+   4
-----
```

 **32**차시 **더하기 4, 5, 6의 종합** 1단계

 다음 덧셈을 하세요.

(1)
$$\begin{array}{r} 1 \\ + 6 \\ \hline \end{array}$$

(2)
$$\begin{array}{r} 3 \\ + 5 \\ \hline \end{array}$$

(3)
$$\begin{array}{r} 4 \\ + 4 \\ \hline \end{array}$$

(4)
$$\begin{array}{r} 1\,4 \\ + \quad 5 \\ \hline \end{array}$$

(5)
$$\begin{array}{r} 1\,3 \\ + \quad 6 \\ \hline \end{array}$$

(6)
$$\begin{array}{r} 1\,2 \\ + \quad 4 \\ \hline \end{array}$$

(7)
$$\begin{array}{r} 1\,7 \\ + \quad 4 \\ \hline \end{array}$$

(8)
$$\begin{array}{r} 1\,6 \\ + \quad 6 \\ \hline \end{array}$$

(9)
$$\begin{array}{r} 1\,8 \\ + \quad 5 \\ \hline \end{array}$$

(10)
$$\begin{array}{r} 2\,1 \\ + \quad 4 \\ \hline \end{array}$$

(11)
$$\begin{array}{r} 2\,2 \\ + \quad 5 \\ \hline \end{array}$$

(12)
$$\begin{array}{r} 2\,3 \\ + \quad 6 \\ \hline \end{array}$$

 꼭꼭 세로셈을 할 때에는 일과 십의 자릿수를 잘 맞춰서 계산합니다. 자릿수를 맞추지 않아서 틀리는 일이 없도록 합니다.

✿ **다음 덧셈을 하세요.**

(13) $\begin{array}{r} 7 \\ +\ 4 \\ \hline \end{array}$	(14) $\begin{array}{r} 1\ 6 \\ +\ \ 5 \\ \hline \end{array}$	(15) $\begin{array}{r} 2\ 1 \\ +\ \ 6 \\ \hline \end{array}$
(16) $\begin{array}{r} 1\ 7 \\ +\ \ 5 \\ \hline \end{array}$	(17) $\begin{array}{r} 2\ 4 \\ +\ \ 4 \\ \hline \end{array}$	(18) $\begin{array}{r} 2\ 3 \\ +\ \ 6 \\ \hline \end{array}$
(19) $\begin{array}{r} 1\ 5 \\ +\ \ 5 \\ \hline \end{array}$	(20) $\begin{array}{r} 1\ 7 \\ +\ \ 6 \\ \hline \end{array}$	(21) $\begin{array}{r} 1\ 9 \\ +\ \ 4 \\ \hline \end{array}$
(22) $\begin{array}{r} 2\ 5 \\ +\ \ 4 \\ \hline \end{array}$	(23) $\begin{array}{r} 1\ 9 \\ +\ \ 5 \\ \hline \end{array}$	(24) $\begin{array}{r} 1\ 8 \\ +\ \ 6 \\ \hline \end{array}$

33 차시　더하기 4, 5, 6의 종합　2단계

다음 덧셈을 하세요.

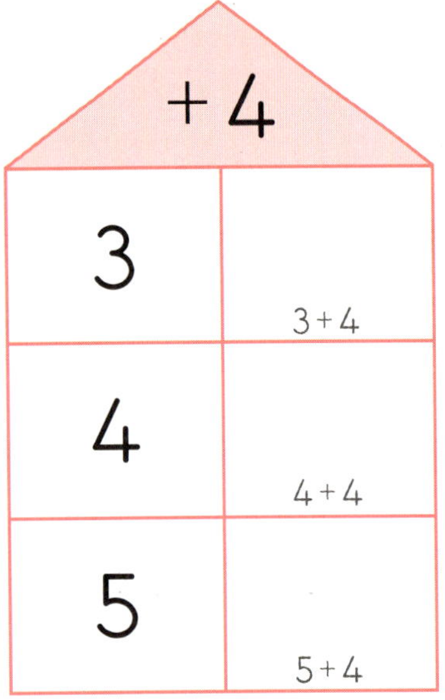

+4	
3	3+4
4	4+4
5	5+4

+5	
5	
15	
25	

+6	
3	
12	
23	

+6	
6	
17	
24	

꼭꼭　세로의 수와 가로의 수 4, 5, 6을 각각 더하여 빈칸에 써넣게 합니다. 앞에서 4, 5, 6의 더하기를 배웠으므로 식을 세우지 않고 답이 바로 나올 수 있도록 합니다.

다음 덧셈을 하세요.

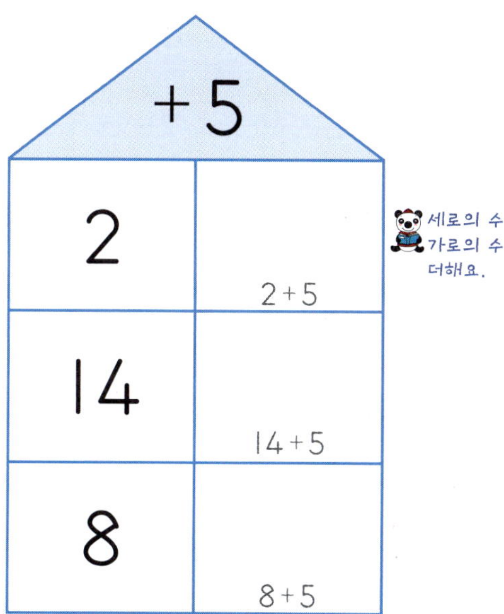

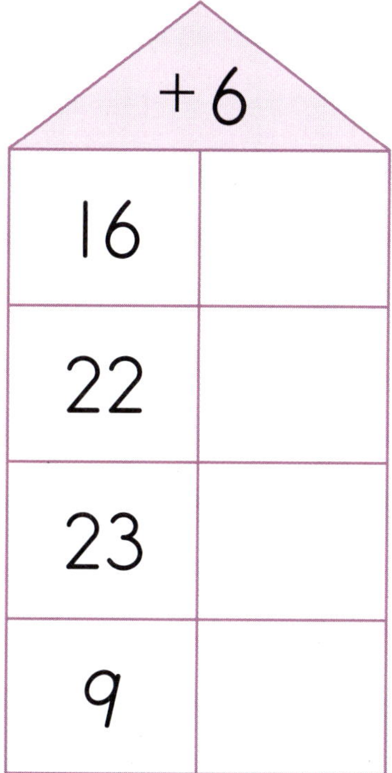

+6	
4	
5	
13	

+5	
19	
1	
6	
23	

+6	
16	
22	
23	
9	

34 차시   더하기 4, 5, 6의 종합   **2**단계

○ 다음 덧셈을 하세요.

+	11	9	16	6	22	23
4	11+4	9+4	16+4	6+4	22+4	23+4

가로의 수 11에
세로의 수 4를
더해요.

+	4	22	13	9	18	17
5						

+	5	14	20	17	23	24
6						

 다음 덧셈을 하세요.

+	7	10	24	19	17	12
4						
	7 + 4	10 + 4	24 + 4	19 + 4	17 + 4	12 + 4

가로의 수 7에
세로의 수 4를
더해요.

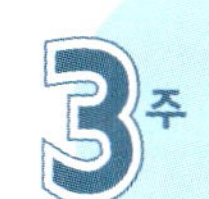

+	6	8	11	19	20	25
5						

+	9	8	13	16	18	22
6						

○ 덧셈을 하고 덧셈식에 알맞은 그림을 찾아 줄로 이으세요.

$4 + 5 = \boxed{}$ •

• 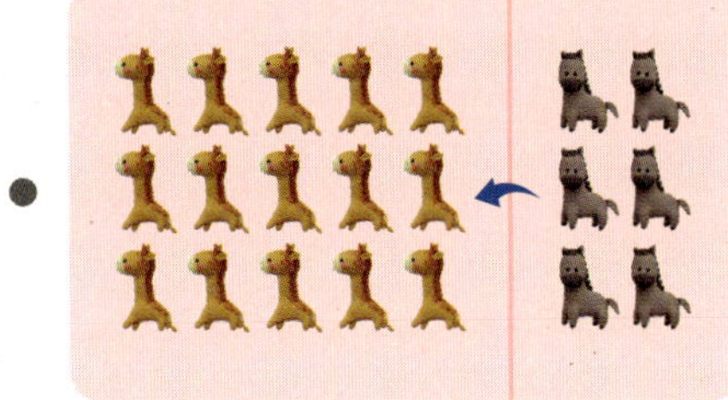

$15 + 6 = \boxed{}$ •

• 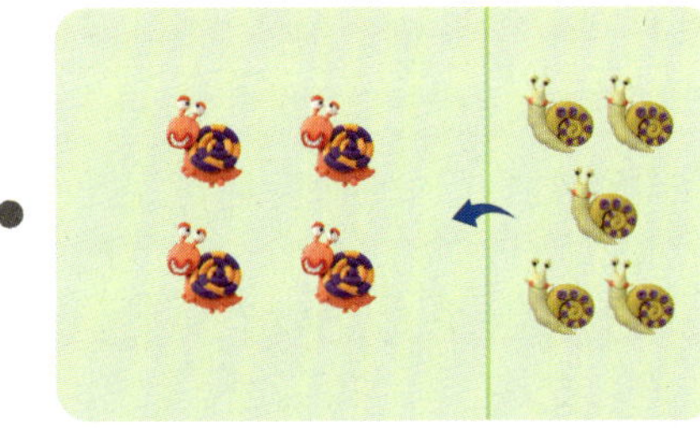

$18 + 4 = \boxed{}$ •

• 

$24 + 5 = \boxed{}$ •

• 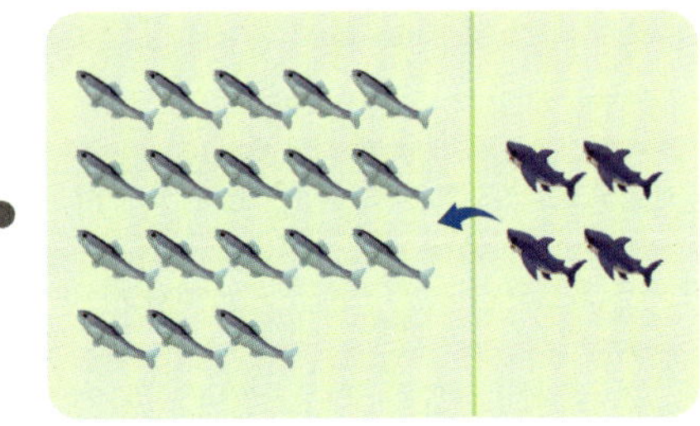

 구체물의 수를 합하여 세면서 그림에 알맞은 덧셈식을 알아보게 합니다.

✚ 덧셈을 하고 계산 결과가 가장 큰 덧셈에 색칠하세요.

7 + 5　　　7 + 6　　　7 + 4

13 + 5　　　16 + 5　　　15 + 5

24 + 6　　　23 + 5　　　22 + 4

3주

 세 개의 덧셈의 답을 쓰고 가장 큰 덧셈을 찾아봅니다. 더하는 수와 더해지는 수의 크기를 직관적으로 먼저 비교한 후, 답을 찾을 수 있게 합니다.

36차시   더하기 4, 5, 6의 종합   3단계

➕ 식이 완성되도록 ◯를 그리고 ☐ 안에 알맞은 수를 쓰세요.

$$9 + \boxed{} = 13$$

$$16 + \boxed{} = 21$$

$$23 + \boxed{} = 29$$

➕ 빈칸에 알맞은 수를 써넣어 덧셈식을 완성하세요.

13	+		=	17
		13 + ☐ = 17		
+	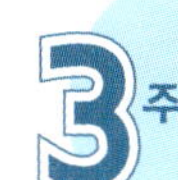	+		+
	+	1	=	
	13 + ☐ = 18			
=		=		=
18	+		=	

꼭꼭 더하기 4, 5, 6을 모두 익혔으므로 답이 되려면 어떤 수를 더해야 할지 생각하여 빈칸에 알맞은 수를 쓰게 합니다. 덧셈식에서 빈칸이 한 개만 있는 문제를 먼저 풉니다.

 **4주**

빼기 4 : (1~20) − 4

매일 학습이 끝나면 채점을 하고 체크표를 작성하여 나의 실력을 알아보세요.

차시	단계	공부한 날		잘 했나요?
37차시		월	일	😊 🙂 😑 😣
38차시		월	일	😊 🙂 😑 😣
39차시		월	일	😊 🙂 😑 😣
40차시	1단계	월	일	😊 🙂 😑 😣
41차시		월	일	😊 🙂 😑 😣
42차시		월	일	😊 🙂 😑 😣
43차시		월	일	😊 🙂 😑 😣
44차시		월	일	😊 🙂 😑 😣
45차시	2단계	월	일	😊 🙂 😑 😣
46차시		월	일	😊 🙂 😑 😣
47차시	3단계	월	일	😊 🙂 😑 😣
48차시		월	일	😊 🙂 😑 😣

0~1 개이면 😊 (아주 잘함)에, 2~3 개이면 🙂 (잘함)에,

4~5 개이면 😑 (보통)에, 6 개 이상이면 😣 (노력 바람)에 색칠해 주세요.

만화로 개념 알아보기

 빼는 수만큼 먼저 낱개부터 차례대로 지우고 남은 수를 세어 보며 빼기 4의 계산을 할 수 있습니다.

가위 바위 보!

힝~ 또 졌네.

16장에서 4장을 더 떼면 16−4=12, 12장 남았네.

16 − 4 = 12

이번엔 꼭 이길 거야! 다시 해!

가위 바위 보!

12 − 4 = 8

또 이겼네! 그럼 남은 12장에서 4장을 더 떼면 12−4=8, 8장 남았어.

으앙~ 분하다! 한 번 더 해!

가위 바위 보!
8 - 4 = 4
내가 또 이겼으니까...
8장에서 4장을 떼면
8-4=4, 4장 남았어.
으악!
또 지다니!
다시 해!
가위 바위 보!!
4 - 4 = 0
마지막 4에서 4를 빼면
0이야. 난 이제 나뭇잎이
남지 않았어.
으앙~!
억울해!
헤헤

4주

✚ 수를 갈라 □ 안에 알맞은 수를 쓰고 뺄셈을 하세요.

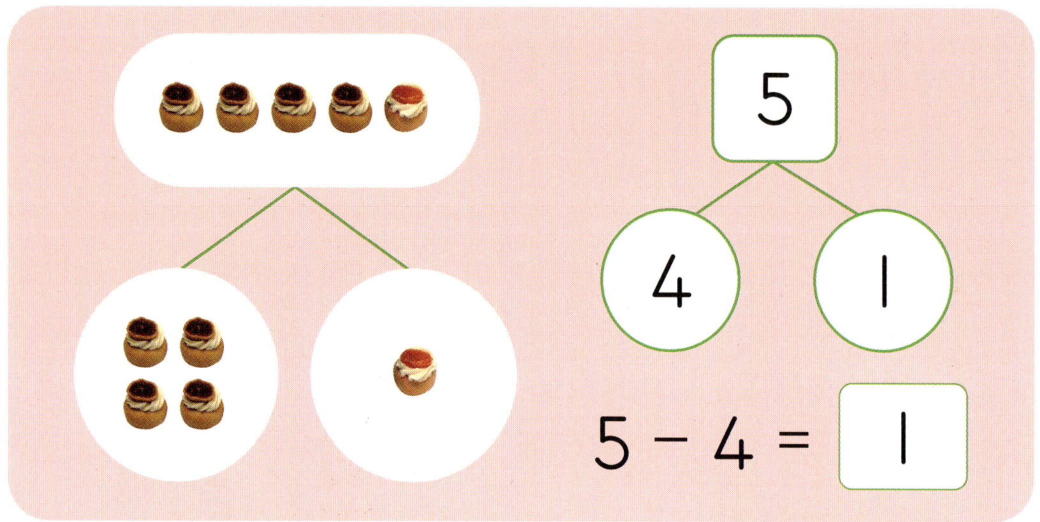

(1)

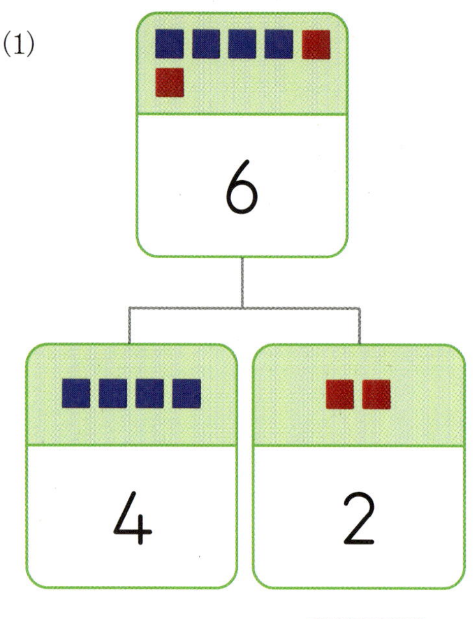

6 − 4 = □

(2)

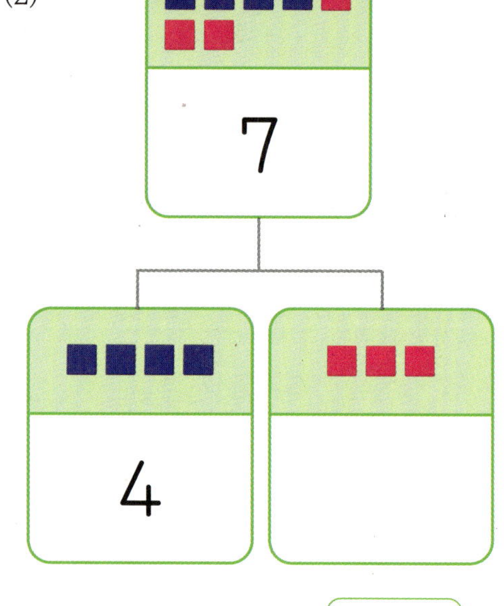

7 − 4 = □

꼭꼭 구체물을 두 수로 갈라 보고 뺄셈의 개념을 이해하게 합니다. 전체 수에서 몇과 몇으로 갈랐는지 살펴보며 뺄셈의 빼어지는 수(앞의 수), 빼는 수(뒤의 수)를 알게 합니다.

➕ 수를 갈라 ▢ 안에 알맞은 수를 쓰고 뺄셈을 하세요.

(3)

8
4 ┃ 4

8 − 4 = 4

(4)

9
4 ┃ ▢

9 − 4 = ▢

(5)

10
4 ┃ ▢

10 − 4 = ▢

(6)

16
4 ┃ ▢

16 − 4 = ▢

(7)

17
4 ┃ ▢

17 − 4 = ▢

(8)

18
4 ┃ ▢

18 − 4 = ▢

38차시 빼기 4 : (1~20)−4

다음 뺄셈을 하세요.

(1) $10 - 4 = \boxed{}$
십 빼기 사 는

* 10 − 4
(빼어지는 수) (빼는 수)

(2) $11 - 4 = \boxed{}$
십일 빼기 사 는

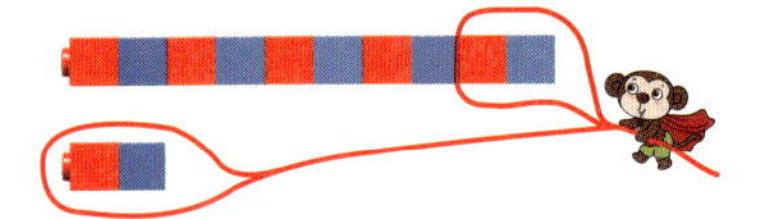

(3) $12 - 4 = \boxed{}$
십이 빼기 사 는

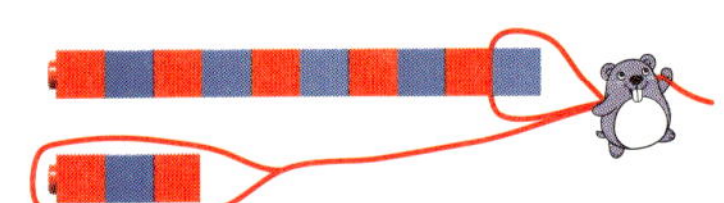

(4) $13 - 4 = \boxed{}$
십삼 빼기 사 는

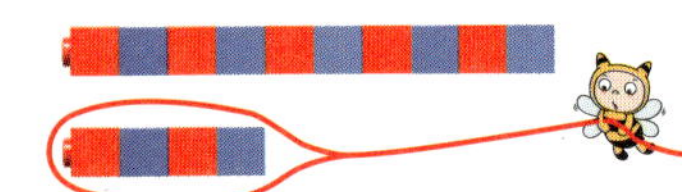

(5) $14 - 4 = \boxed{}$
십사 빼기 사 는

다음 뺄셈을 하세요.

(6) $20 - 4 =$ ☐

(7) $19 - 4 =$ ☐

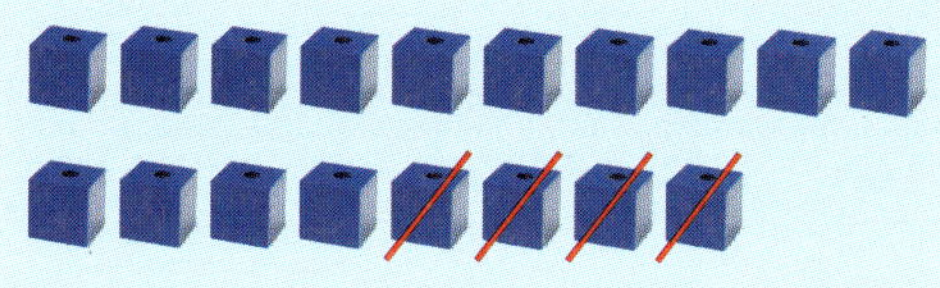

(8) $18 - 4 =$ ☐

(9) $17 - 4 =$ ☐

(10) $16 - 4 =$ ☐

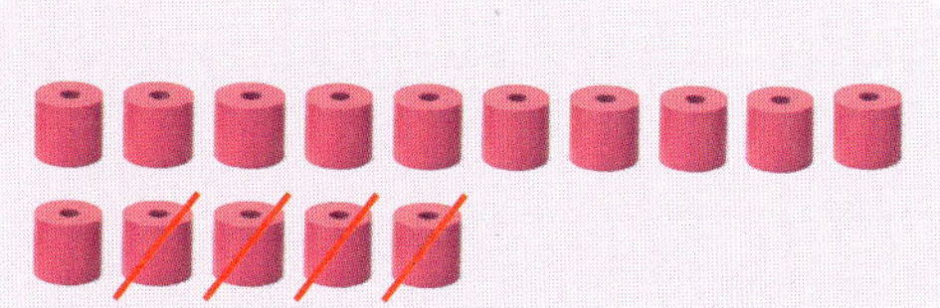

(11) $15 - 4 =$ ☐

39차시 빼기 4 : (1~20)−4

다음 뺄셈을 하세요.

(1) $12 - 4 = \boxed{}$

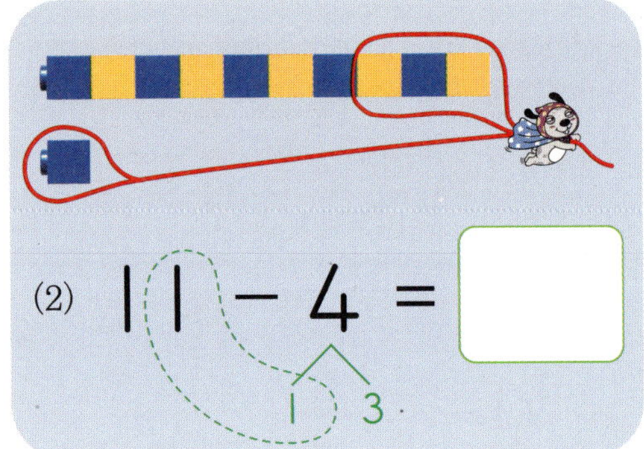

(2) $11 - 4 = \boxed{}$

(3) $14 - 4 = \boxed{}$

(4) $16 - 4 = \boxed{}$

(5) $18 - 4 = \boxed{}$

(6) $15 - 4 = \boxed{}$

(7) $16 - 4 = \boxed{}$

(8) $19 - 4 = \boxed{}$

(9) $17 - 4 = \boxed{}$

(10) $18 - 4 = \boxed{}$

(11) $15 - 4 = \boxed{}$

(12) $17 - 4 = \boxed{}$

받아내림이 없는 빼기는 일의 자리 숫자끼리 빼어 일의 자리에 답을 쓰고 십의 자리 숫자는 그대로 내려씁니다.

● 다음 뺄셈을 하세요.

(13) $4 - 4 =$ □　　(14) $12 - 4 =$ □

(15) $5 - 4 =$ □　　(16) $13 - 4 =$ □

(17) $6 - 4 =$ □　　(18) $14 - 4 =$ □

(19) $7 - 4 =$ □　　(20) $15 - 4 =$ □

(21) $8 - 4 =$ □　　(22) $16 - 4 =$ □

(23) $9 - 4 =$ □　　(24) $17 - 4 =$ □

(25) $10 - 4 =$ □　　(26) $18 - 4 =$ □

(27) $11 - 4 =$ □　　(28) $19 - 4 =$ □

◌ 다음 뺄셈을 하세요.

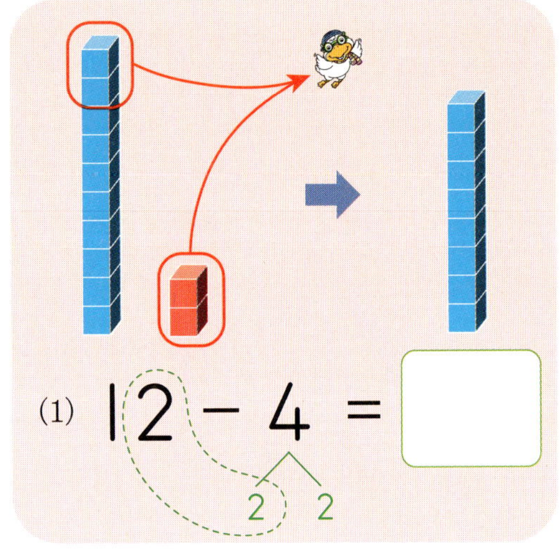

(1) $12 - 4 =$ ☐

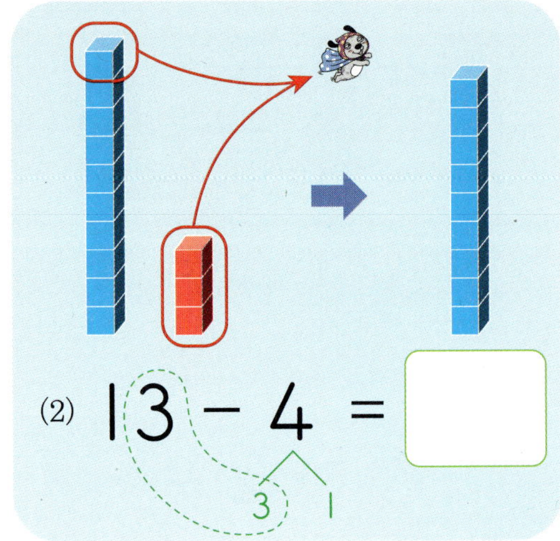

(2) $13 - 4 =$ ☐

(3) $10 - 4 =$ ☐

(4) $11 - 4 =$ ☐

(5) $12 - 4 =$ ☐

(6) $13 - 4 =$ ☐

(7) $15 - 4 =$ ☐

(8) $20 - 4 =$ ☐

(9) $18 - 4 =$ ☐

(10) $19 - 4 =$ ☐

(11) $16 - 4 =$ ☐

(12) $14 - 4 =$ ☐

꼭꼭　구체물을 이용하여 꾸준히 뺄셈 연습을 하며 개념 이해를 하면 구체물 없이 뺄셈식을 풀 수 있습니다.

 다음 뺄셈을 하세요.

(13) $9 - 4 =$ ☐　　(14) $15 - 4 =$ ☐

(15) $20 - 4 =$ ☐　　(16) $8 - 4 =$ ☐

(17) $4 - 4 =$ ☐　　(18) $7 - 4 =$ ☐

(19) $17 - 4 =$ ☐　　(20) $16 - 4 =$ ☐

(21) $6 - 4 =$ ☐　　(22) $5 - 4 =$ ☐

(23) $15 - 4 =$ ☐　　(24) $19 - 4 =$ ☐

(25) $10 - 4 =$ ☐　　(26) $18 - 4 =$ ☐

(27) $14 - 4 =$ ☐　　(28) $17 - 4 =$ ☐

41 차시 　빼기 4 : (1~20)−4　　1단계

다음 뺄셈을 하세요.

(1)
4 − 4 = ☐
14 − 4 = ☐

(2)
5 − 4 = ☐
15 − 4 = ☐

(3)
6 − 4 = ☐
16 − 4 = ☐

(4)
7 − 4 = ☐
17 − 4 = ☐

(5)
8 − 4 = ☐
18 − 4 = ☐

(6)
9 − 4 = ☐
19 − 4 = ☐

(7)
10 − 4 = ☐
20 − 4 = ☐

(8)
4 − 4 = ☐
14 − 4 = ☐

 다음 뺄셈을 하세요.

(9) $10 - 4 =$ ☐   (10) $12 - 4 =$ ☐

(11) $11 - 4 =$ ☐   (12) $14 - 4 =$ ☐

(13) $5 - 4 =$ ☐   (14) $13 - 4 =$ ☐

(15) $7 - 4 =$ ☐   (16) $18 - 4 =$ ☐

(17) $4 - 4 =$ ☐   (18) $15 - 4 =$ ☐

(19) $6 - 4 =$ ☐   (20) $20 - 4 =$ ☐

(21) $16 - 4 =$ ☐   (22) $17 - 4 =$ ☐

(23) $19 - 4 =$ ☐   (24) $8 - 4 =$ ☐

⊕ 다음 뺄셈을 하세요.

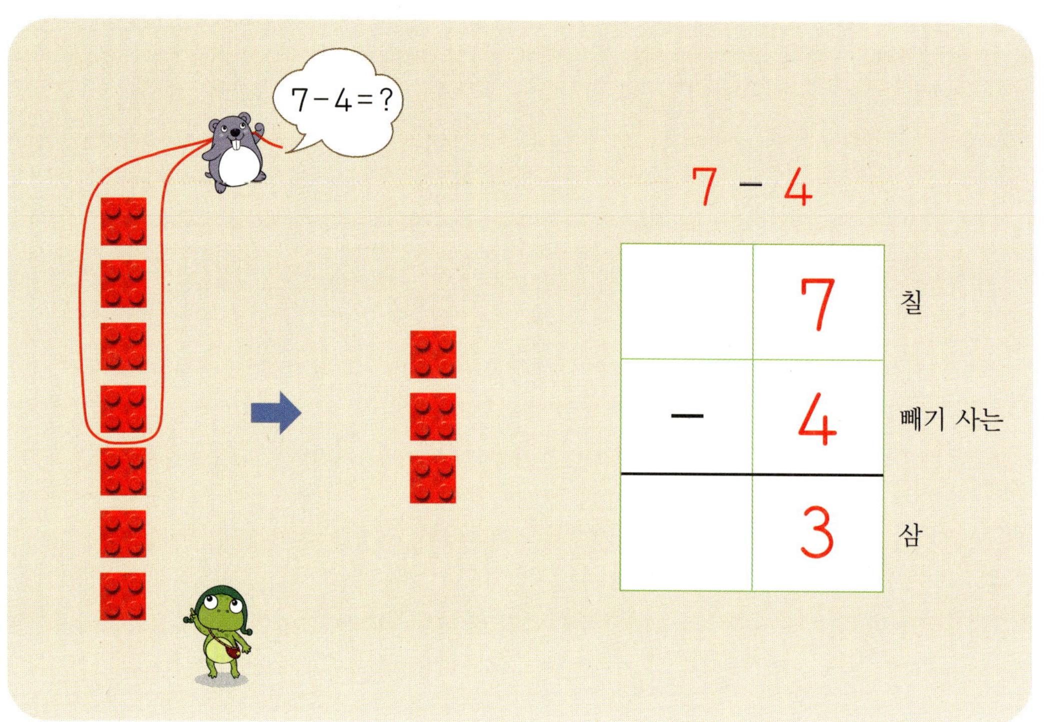

(1) 5 − 4

		5
−		4

(2) 17 − 4

	1	7
−		4

(3) 16 − 4

	1	6
−		4

꼭꼭 블록을 이용하여 받아내림이 없는 뺄셈을 보며 일의 자리 숫자와 십의 자리 숫자의 자릿수를 맞춰서 계산합니다.

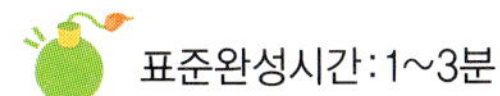

다음 뺄셈을 하세요.

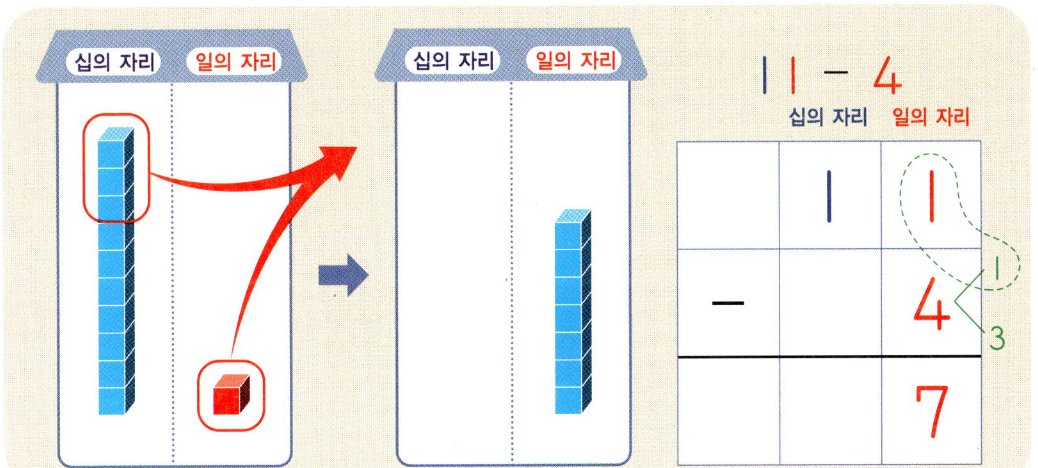

(4)　10 − 4

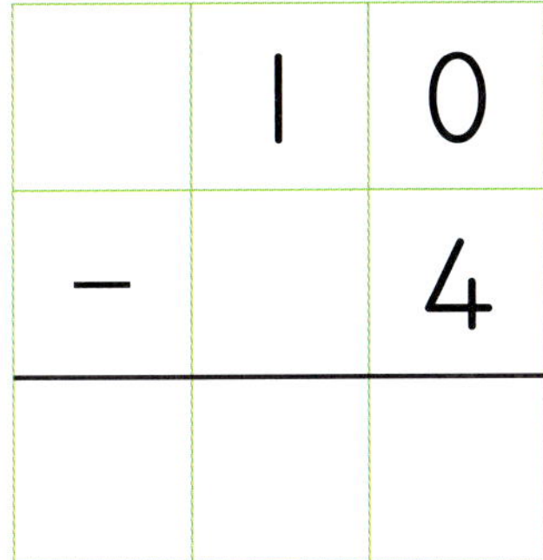

(5)　12 − 4

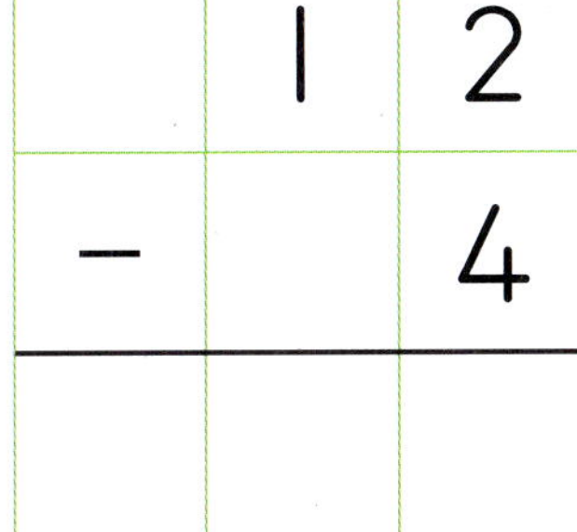

(6)　13 − 4

(7)　14 − 4

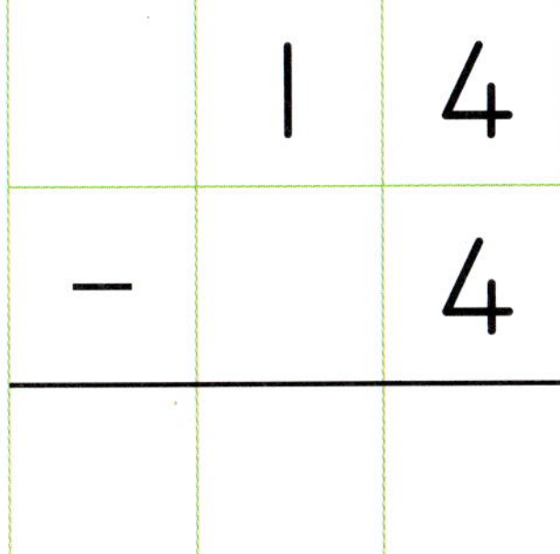

(8)　15 − 4

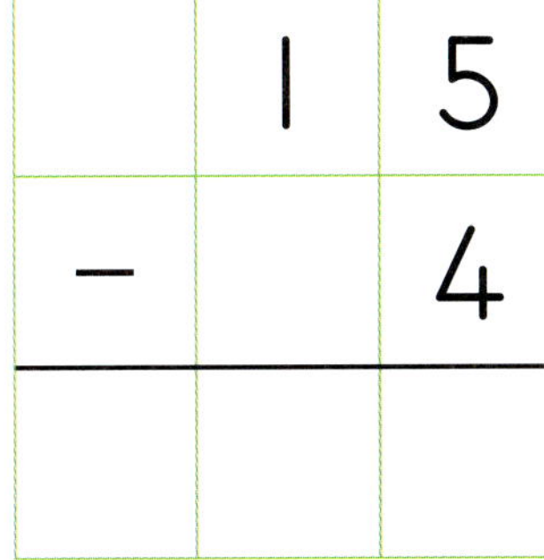

(9)　16 − 4

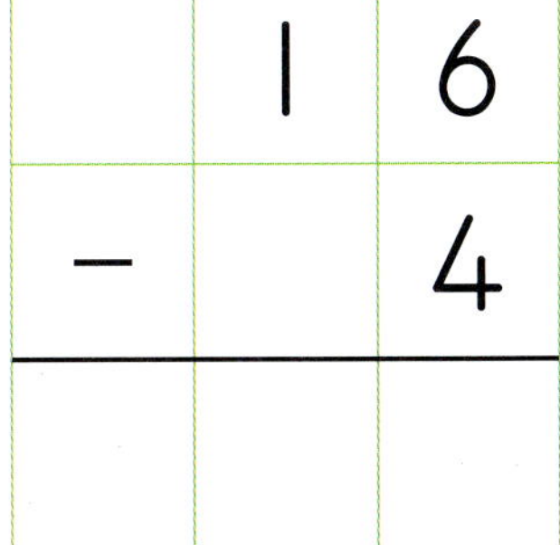

43 _{차시} 빼기 4 : (1~20)−4

 다음 뺄셈을 하세요.

(1)

	1	0
−		4

(2)

		9
−		4

(3)

	1	1
−		4

(4)

		8
−		4

(5)

	1	8
−		4

(6)

	1	2
−		4

(7)

	1	3
−		4

(8)

	1	5
−		4

(9)

	1	7
−		4

○ 다음 뺄셈을 하세요.

(10)

		5
−		4

(11)

		4
−		4

(12)

		6
−		4

(13)

	1	5
−		4

(14)

	1	4
−		4

(15)

	1	6
−		4

(16)

	2	0
−		4

(17)

	1	9
−		4

(18)

	1	8
−		4

➕ 다음 뺄셈을 하세요.

(1)
$$\begin{array}{r} 8 \\ -\ 4 \\ \hline \end{array}$$

(2)
$$\begin{array}{r} 7 \\ -\ 4 \\ \hline \end{array}$$

(3)
$$\begin{array}{r} 9 \\ -\ 4 \\ \hline \end{array}$$

(4)
$$\begin{array}{r} 11 \\ -\ \ 4 \\ \hline \end{array}$$

(5)
$$\begin{array}{r} 14 \\ -\ \ 4 \\ \hline \end{array}$$

(6)
$$\begin{array}{r} 12 \\ -\ \ 4 \\ \hline \end{array}$$

(7)
$$\begin{array}{r} 13 \\ -\ \ 4 \\ \hline \end{array}$$

(8)
$$\begin{array}{r} 17 \\ -\ \ 4 \\ \hline \end{array}$$

(9)
$$\begin{array}{r} 19 \\ -\ \ 4 \\ \hline \end{array}$$

(10)
$$\begin{array}{r} 6 \\ -\ 4 \\ \hline \end{array}$$

(11)
$$\begin{array}{r} 15 \\ -\ \ 4 \\ \hline \end{array}$$

(12)
$$\begin{array}{r} 10 \\ -\ \ 4 \\ \hline \end{array}$$

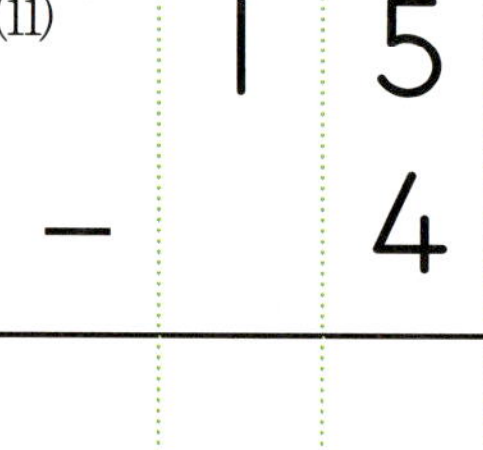 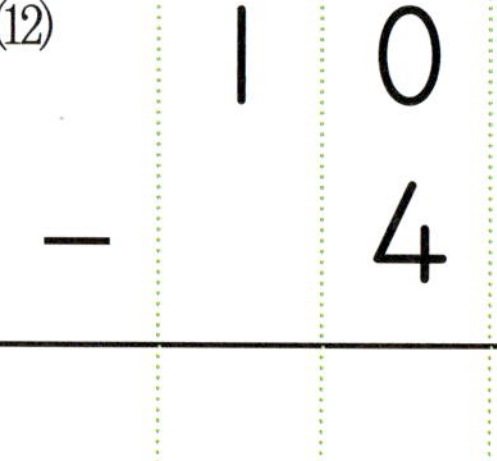

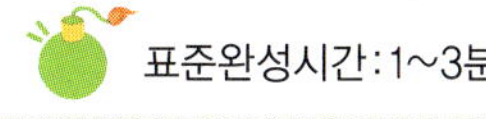

 다음 뺄셈을 하세요.

(13)
```
    4
-   4
─────
```

(14)
```
    6
-   4
─────
```

(15)
```
    8
-   4
─────
```

(16)
```
  1 0
-   4
─────
```

(17)
```
  1 2
-   4
─────
```

(18)
```
  1 5
-   4
─────
```

(19)
```
  1 4
-   4
─────
```

(20)
```
  1 3
-   4
─────
```

(21)
```
  1 8
-   4
─────
```

(22)
```
  1 6
-   4
─────
```

(23)
```
  2 0
-   4
─────
```

(24)
```
  1 9
-   4
─────
```

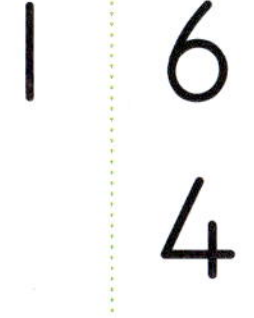

45 차시　빼기 4 : (1~20)−4

2단계

 다음 뺄셈을 하세요.

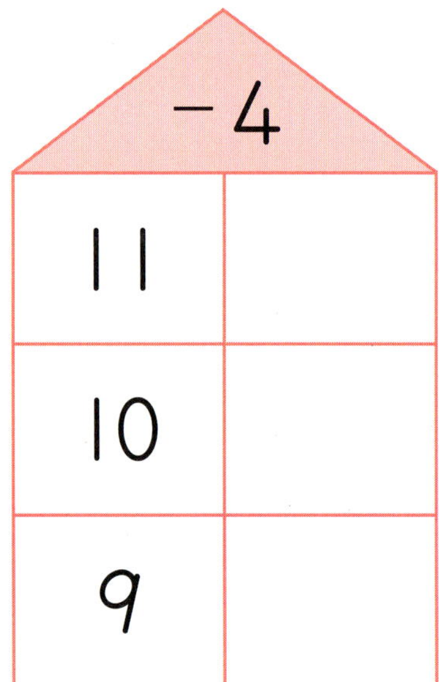

−4	
20	20 − 4
19	19 − 4
18	18 − 4

−4	
17	
16	
15	

−4	
14	
13	
12	

−4	
11	
10	
9	

 아이와 친근한 구체적인 소재로 뺄셈의 상황을 만들어 경험을 통해 뺄셈을 익힐 수 있게 합니다. 그런 다음 많은 연습을 하여 뺄셈을 능숙하게 풀 수 있게 합니다.

 다음 뺄셈을 하세요.

세로의 수 4에서 가로의 수 4를 빼요.

−	4
4	4 − 4
5	5 − 4
6	6 − 4
7	7 − 4
8	8 − 4
9	9 − 4
10	10 − 4

−	4
11	
12	
13	
14	
15	
16	
17	

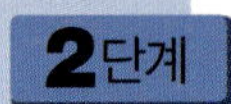

다음 뺄셈을 하세요.

−	4
18	18 − 4
19	19 − 4
20	20 − 4
17	17 − 4
16	16 − 4
9	9 − 4
12	12 − 4

세로의 수 18에서 가로의 수 4를 빼요.

−	4
14	
5	
8	
7	
15	
13	
11	

◆ 다음 뺄셈을 하세요.

−	15	17	20	4	8
4					
	15−4	17−4	20−4	4−4	8−4

가로의 수 15에서
세로의 수 4를
빼요.

−	6	10	9	7	11
4					

−	16	18	19	5	14
4					

➕ 그림에 알맞은 뺄셈식을 찾아 ◯하세요.

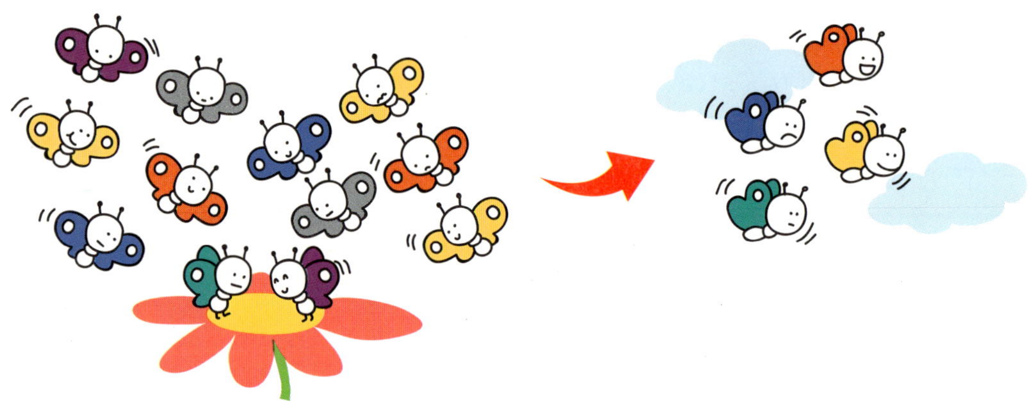

| $11 - 4 = 7$ | $12 - 4 = 8$ | $16 - 4 = 12$ |

| $10 - 4 = 5$ | $9 - 4 = 5$ | $8 - 4 = 4$ |

 우산이 전체 몇 개가 있었는데 몇 개를 가져가서 몇 개가 남았는지 그림을 보며 뺄셈 상황에 맞는
이야기를 해 보며 뺄셈 개념을 이해하게 합니다.

그림에 알맞은 뺄셈식을 찾아 색칠하세요.

| $10 - 4 = 6$ | $9 - 4 = 5$ | $11 - 4 = 7$ |

| $12 - 4 = 8$ | $13 - 4 = 9$ | $14 - 4 = 10$ |

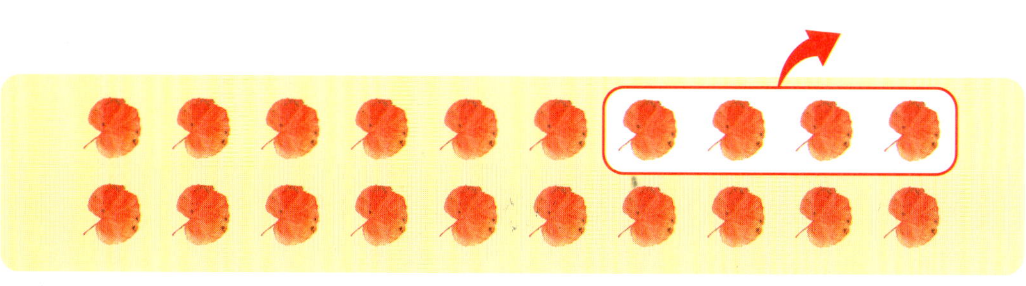

| $20 - 4 = 16$ | $8 - 4 = 4$ | $15 - 4 = 11$ |

🔹 식이 완성되도록 /로 지우고 ☐ 안에 알맞은 수를 쓰세요.

$$17 - \boxed{} = 13$$

$$8 - \boxed{} = 4$$

$$19 - \boxed{} = 15$$

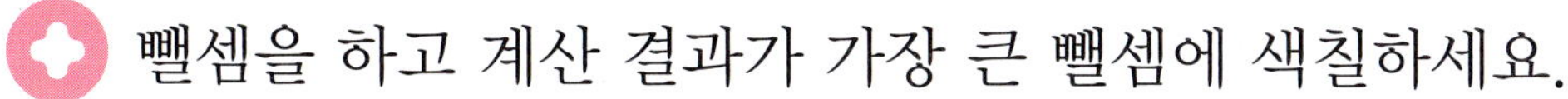

뺄셈을 하고 계산 결과가 가장 큰 뺄셈에 색칠하세요.

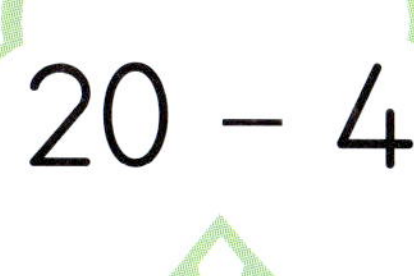

20 − 4   19 − 4   18 − 4

15 − 4   14 − 4   16 − 4

13 − 4   9 − 4   12 − 4

세 개의 뺄셈의 답을 쓰고 계산 결과가 가장 큰 뺄셈을 찾아봅니다. 모두 빼기 4이므로 빼어지는 수가 가장 큰 수가 가장 큰 뺄셈이 된다는 것을 알려 줍니다.

 다음 계산을 하세요.

(1) $4 + 4 =$

(2) $2 + 6 =$

(3) $5 + 6 =$

(4) $9 + 5 =$

(5) $9 + 4 =$

(6) $7 + 6 =$

(7) $13 + 5 =$

(8) $18 + 5 =$

(9) $4 + 6 =$

(10) $15 + 4 =$

(11) $22 + 4 =$

(12) $20 + 6 =$

(13) $15 - 4 =$

(14) $19 - 4 =$

(15) $20 - 4 =$

(16) $18 - 4 =$

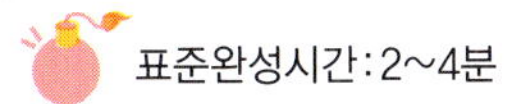

틀린 개수	0~1	2~4	5~9	10개 이상
평가	아주 잘함	잘함	보통	노력 바람

채점을 하고, 틀린 개수에 맞게 ○하세요.

(17) 3 + 4 =

(18) 4 + 5 =

(19) 6 + 6 =

(20) 17 + 5 =

(21) 21 + 5 =

(22) 15 + 6 =

(23) 22 + 4 =

(24) 16 + 5 =

(25) 17 + 5 =

(26) 19 + 4 =

(27) 11 + 5 =

(28) 20 + 6 =

(29) 5 − 4 =

(30) 14 − 4 =

(31) 11 − 4 =

(32) 17 − 4 =

(33) 12 − 4 =

(34) 6 − 4 =

(35)
```
   1 5
+    5
-----
```

(36)
```
   1 9
+    4
-----
```

(37)
```
   1 8
+    6
-----
```

(38)
```
   2 0
+    5
-----
```

(39)
```
   1 0
+    4
-----
```

(40)
```
   1 1
+    6
-----
```

(41)
```
   1 4
+    6
-----
```

(42)
```
   1 8
+    4
-----
```

(43)
```
     8
+    5
-----
```

(44)
```
     8
-    4
-----
```

(45)
```
   1 2
-    4
-----
```

(46)
```
   1 9
-    4
-----
```

정답 및 지도서

자르는 선을 따라 잘라 보관하여, 채점할 때 사용하세요.

지도 방법

① (10~14)+6의 계산을 하기 전에 (1~9)+6의 계산을 아이가 얼마나 빠른 시간 내에 정확하게 하는지 확인해 보세요.

② (10~14)+6을 중점적으로 익히고, 여러 가지 문제를 통해 (1~14)+6을 익힙니다.

③ 아이가 두 자리 수의 구성을 알 수 있게 지도해 주세요. 바둑돌이나 구슬 등을 이용하여 13은 10과 3으로 가르기 할 수 있고, 10개씩 1묶음과 낱개 3개를 모으면 13개가 된다는 것을 알려 주어 십의 자리와 일의 자리의 자릿수를 이해하게 합니다.

1차시

12~13쪽

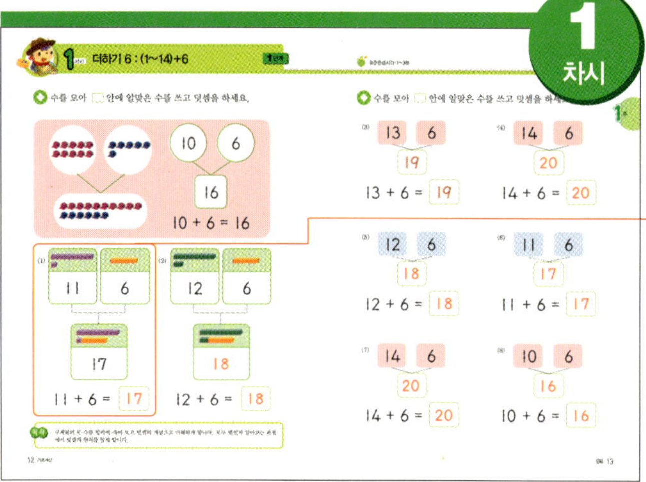

- 11 더하기 6을 계산할 수 있겠니? 바둑돌 11개와 6개를 각각 놓아 볼래? 모두 몇 개인지 세어 보면 되겠다.

- 수만 보고는 답이 잘 생각나지 않을 때는 그 수만큼 ○를 그리거나 구슬을 가지고 세어 보아도 된단다.

2차시

14~15쪽

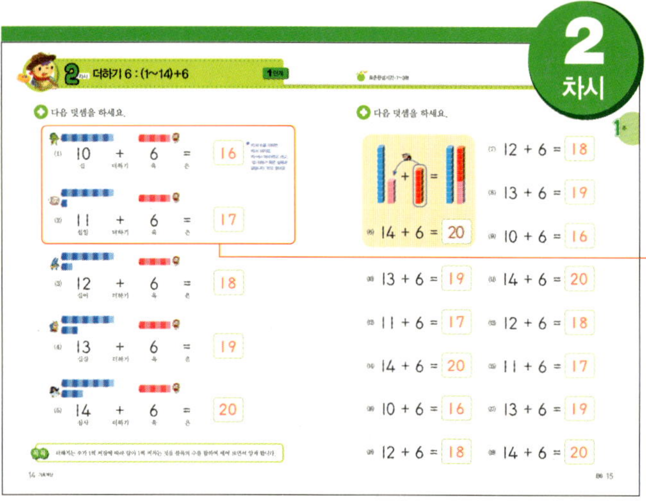

10 더하기 6은 몇이니? 11 더하기 6은? 답이 1 차이가 나지? 10, 11처럼 더해지는 수가 1씩 커지는 수에 6을 더하면 답도 1씩 커진단다.

12 더하기 6을 풀어 볼까? ○를 왼쪽에 12개, 오른쪽에 6개를 그려 보렴. ○를 그릴 때 10개씩을 한 줄에 그려 보렴. 모두 몇 개의 ○를 그렸니?

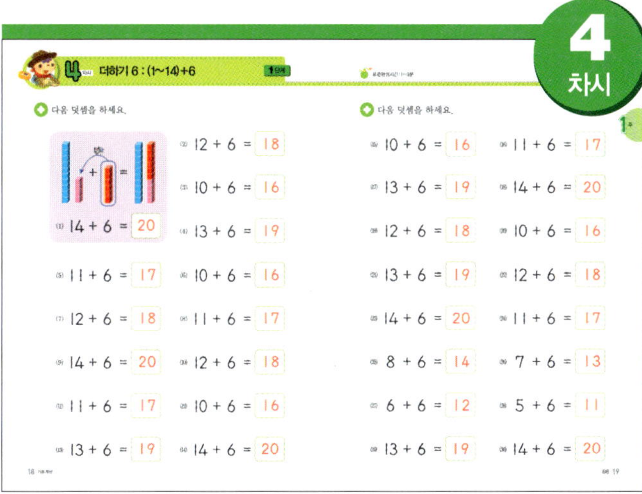

더하기 6이 들어 있는 덧셈식이구나. 천천히 생각해서 풀고 답이 잘 생각나지 않을 때는 숫자 위에 ○를 그려 놓고 세어 보면 쉽게 계산할 수 있단다. 어려운 문제는 엄마와 함께 다시 한 번 생각해서 풀어 보자.

• 3+6이 몇이지? 13+6은 몇이니? 두 덧셈의 답에서 일의 자리 숫자를 비교해 볼래?

• 3과 13처럼 일의 자리가 같은 수에 똑같이 6을 더하면 두 덧셈식의 답도 일의 자리 숫자가 같단다.

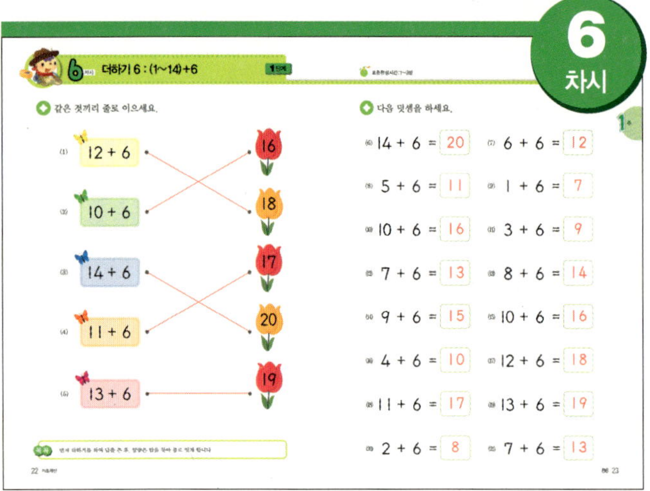

6 차시

- 왼쪽에 있는 덧셈식들을 계산한 후 나온 답과 같은 수를 오른쪽에서 찾아 줄로 이어 보렴.
- 나비가 꽃을 잘 찾아갈 수 있도록 ○○가 덧셈식 잘 풀어서 이어 줄 수 있지?

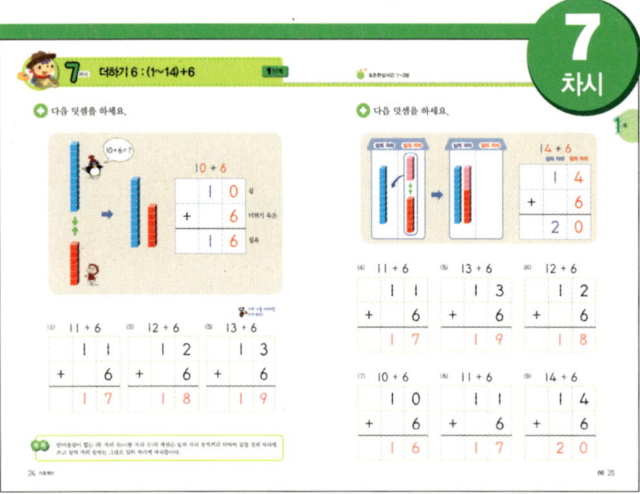

7 차시

12 더하기 6을 풀어 볼까? 12의 일의 자리 숫자인 2와 6을 먼저 더해 볼래? 8이 되지. 이렇게 일의 자리끼리의 합이 10이 넘지 않으면 일의 자리끼리 계산한 것을 빈칸의 일의 자리에 적어 주고 12의 십의 자리 숫자 1은 그대로 십의 자리에 써 주면 된단다.

8 차시

- 10~14의 수에 6을 더하는 문제구나? 앞에서 해 보았으니까 좀 더 쉽게 계산할 수 있을 거야.
- 더해지는 수의 일의 자리 숫자와 더하는 수 6을 더해 10이 넘지 않으면 그대로 일의 자리에 답을 쓰면 되겠지.

- 이번에는 암산으로 더하기 6을 해 보자. 엄마가 큰 소리로 '10+6은 얼마니?' 하고 물으면 ○○가 머릿속으로 계산해서 답을 말하는 거야.
- 암산이 어려우면 앞의 문제를 다시 한 번 풀어 보면서 연습을 해 보자.

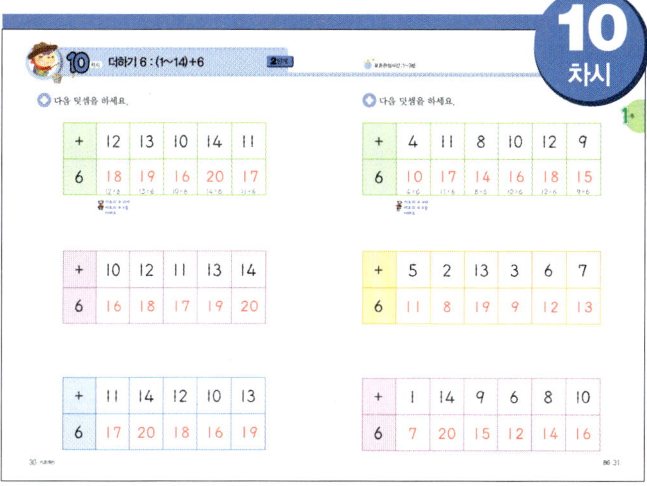

- 이번에도 엄마가 불러 준 수에 더하기 6을 해서 답을 말해 보렴. 11, 14, 12, 10, 13…….
- 머릿속으로 ○를 그려 보거나 수의 차례를 생각해 보면서 답을 말해도 된단다.

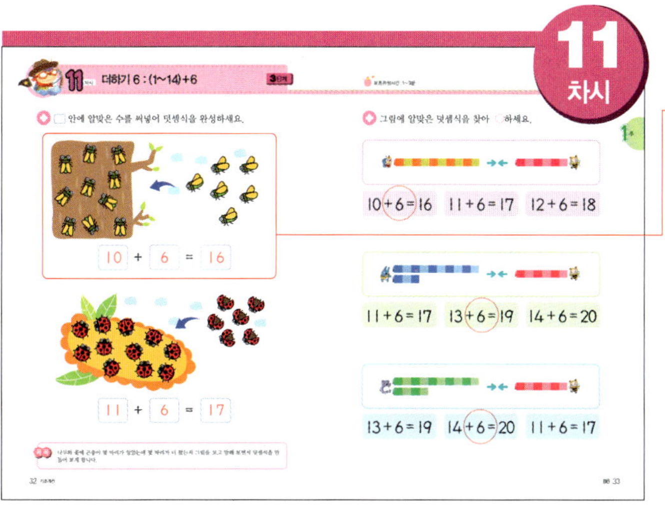

- 나무에 매미가 몇 마리 있는지 세어 볼래? 이번에는 매미 몇 마리가 더 날아오는지 세어 보자. 매미는 모두 몇 마리가 되었니?

34~35쪽

농구공이 모두 몇 개인지 세어 볼래? 11이 17이 되도록 ○를 그려 봐. ○○가 몇 개의 동그라미를 그렸는지 세어 볼까? 빈칸에 ○○가 쓴 숫자가 맞는지 확인해 보자.

체크 포인트

1. 바둑돌이나 구슬 등의 구체적인 사물을 이용하여 수를 가르고 모으는 활동을 할 수 있도록 지도해 주세요. 이 과정을 충분히 익힌 다음에 암산을 할 수 있게 해 주세요. 아직 계산이 익숙하지 않다면 꾸짖지 마시고 반복하여 연습할 수 있도록 도와 주세요.

2. 두 자리 수를 학습할 때에는 사물을 5개씩 한 줄로 하여 1줄이면 5, 두 줄이면 10, 3줄이면 15라는 것을 배열만 보고도 알 수 있게 해 주는 것이 수를 빠르게 세어 보고 계산하기 편리합니다.

3. 아이들은 13+5의 계산은 빠른 반면 5+13은 상대적으로 어려워하거나 시간이 많이 걸리는 경우가 많습니다. 두 식의 답이 같음을 알게 하여 계산이 더 빠른 방법을 선택하게 해 주세요.

정답 및 지도서 B6

지도 방법

1. (15~24)+6의 계산을 중점적으로 익히고, 여러 가지 문제를 통해 더하기 6을 총정리합니다.
2. 덧셈의 결과가 10을 넘지 않는 경우에는 개수만큼 세어 보는 방법으로 답을 얻을 수 있습니다. 그러나 18+6이나 19+6처럼 두 수의 합이 20을 넘을 경우에는 개수 세기가 다소 복잡할 수 있습니다. 그러므로 더해지는 수나 더하는 수를 갈라 10을 만들어 계산하는 방법이 있음을 알려 주세요.
3. 바둑돌이나 구슬 등을 이용하여 30 이내의 수로 집합 만들기를 해 보고 어떤 것이 더 크고 작은지를 알아보세요. 계산 뒤 나온 답을 가지고 수의 크기를 비교하는 데 기초가 됩니다.

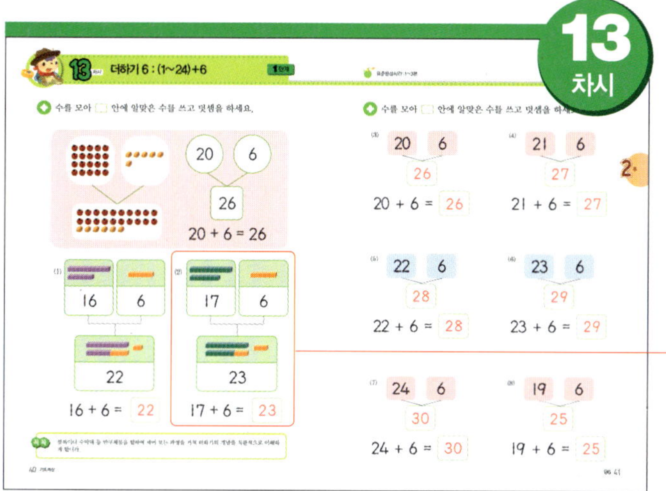

13 차시

40~41쪽

- 17 더하기 6을 수막대로 세어 보면서 알아보자.
- 10개짜리 1묶음과 낱개 7개에 낱개 6개를 더하면 수막대가 모두 몇 개이지? 10개짜리 2묶음과 낱개 3개가 되었으니까 23이 답이 되겠구나.

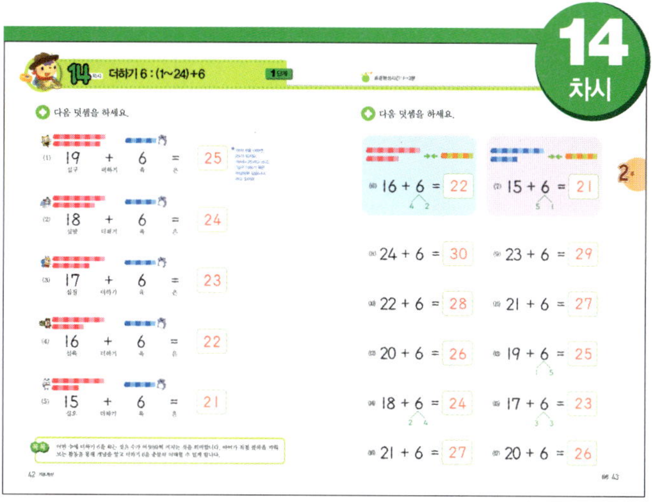

14 차시

42~43쪽

- 24+6과 23+6을 계산해서 두 답을 비교해 보자.
- 더해지는 수가 1씩 커지는 수에 같은 수를 더하면 그 답도 1씩 커진다고 배웠던 거 기억하니? 더해지는 수가 반대로 1씩 작아지는 수에 같은 수를 더하면 그 답은 1씩 작아진단다.

정답 및 지도서 B6

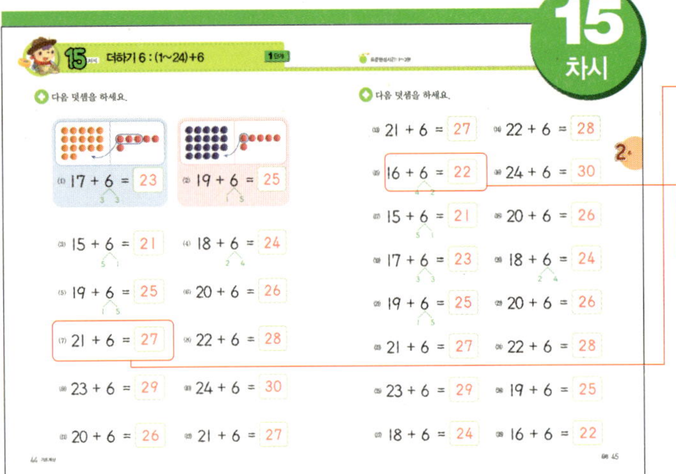

44~45쪽

- 21 더하기 6처럼 일의 자리 숫자끼리 더하여 10을 넘지 않으면 자릿수에 맞춰서 그대로 답을 쓰면 된단다.

- 16 더하기 6처럼 일의 자리 숫자끼리 더해서 10을 넘으면 어떻게 풀어야 할까? 더해지는 수 16의 일의 자리 숫자 6이 십(10)이 되게 더하는 수 6을 4와 2로 갈라야 하겠지?

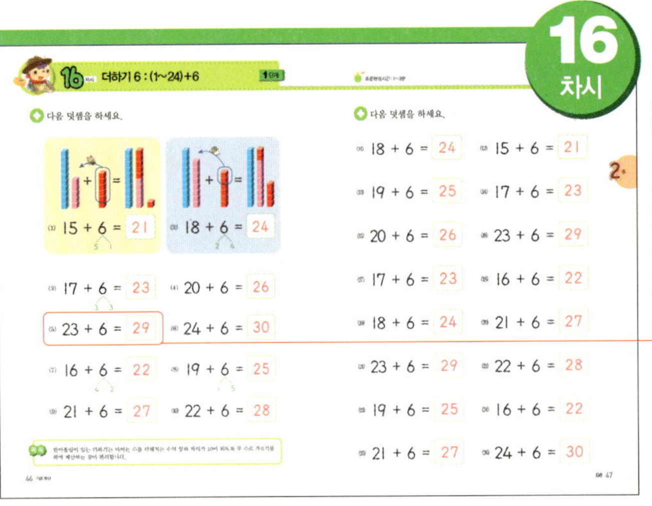

46~47쪽

23 더하기 6을 풀어 볼까? 더해지는 수 23을 20과 3으로 갈라서 일의 자리 3을 더하는 수 6이랑 더해 주면 되겠지? 3과 6을 더하면 몇이니? 9가 되지? 십의 자리 숫자 2는 그대로 적어 주면 된단다.

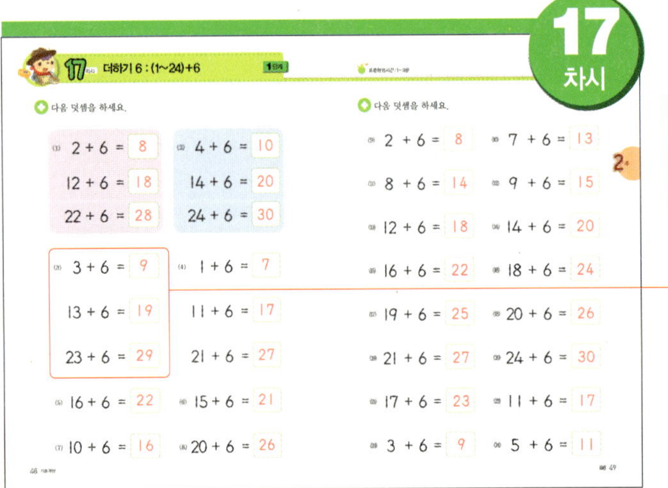

48~49쪽

- 3+6, 13+6, 23+6을 계산해 볼까? 답을 비교해 보고 규칙을 찾아보자.

- 3+6, 13+6, 23+6과 같이 더해지는 수의 일의 자리 숫자는 그대로이고 십의 자리 숫자만 1씩 커지는 수에 모두 6을 더하면 답의 일의 자리 숫자는 같고 십의 자리 숫자만 1씩 커지지.

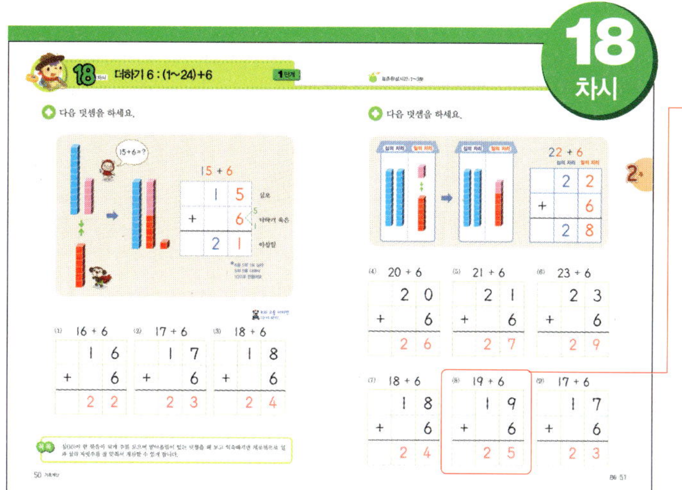

세로셈으로 19 더하기 6을 풀어 볼까? 6을 1과 5로 가르기 해서 19와 1을 더해 주면 20이 되겠지? 이제 나머지 5를 더하면 답은 25가 되겠구나.

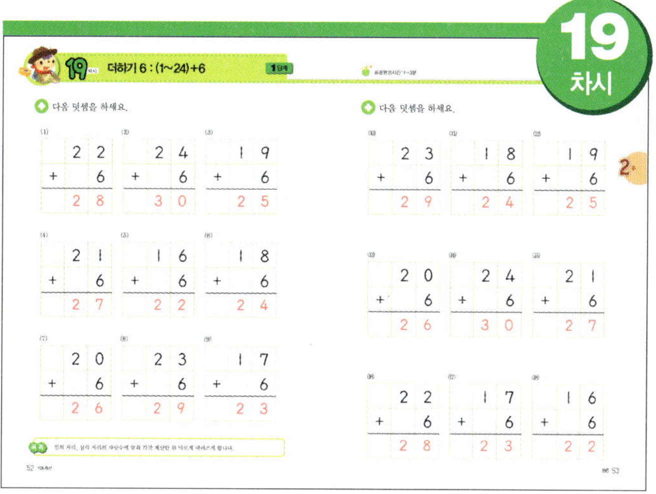

• 세로셈 문제도 이제 잘 풀 수 있지?

• 세로셈 문제를 풀 때는 자릿수를 잘 맞추어서 답을 써야 한단다.

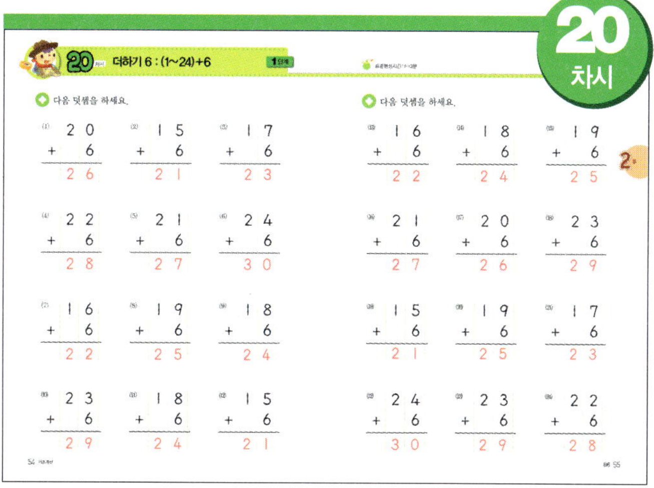

• ○○가 쉽게 풀 수 있는 문제부터 해 보자. 어떤 문제가 가장 어렵니? 어려운 문제는 표시를 해 두고 엄마와 함께 풀어 보자.

• 틀린 문제는 다시 한 번 풀어 보면서 확실히 알 수 있도록 하자.

21 차시

21 더하기 6 : (1~24)+6

+6			+6	
15	21		18	24
14	20		19	25
13	19		20	26

+6			+6	
21	27		24	30
22	28		23	29
23	29		22	28

+	6
24	30
22	28
21	27
20	26
19	25
18	24
17	23

+	6
16	22
15	21
21	27
24	30
18	24
23	29
20	26

56~57쪽

- 15부터 24까지의 수에 6을 더해 보자. 더하기 6 문제는 앞에서 많이 풀어 봤으니까 쉽게 할 수 있겠지?
- 틀린 문제는 연습장에 적어 줄테니 다시 한 번 풀어 보자.

22 차시

22 더하기 6 : (1~24)+6

+	16	21	9	11	8	13
6	22	27	15	17	14	19

+	14	12	19	11	5	23
6	20	18	25	17	11	29

+	6	1	23	14	17	20
6	12	7	29	20	23	26

+	7	2	24	15	18	22
6	13	8	30	21	24	28

+	12	15	19	24	18	10
6	18	21	25	30	24	16

+	13	16	20	21	17	6
6	19	22	26	27	23	12

58~59쪽

- 이번엔 암산으로 더하기 6을 해 보자. 엄마가 덧셈식을 불러 주면 ○○가 머릿속으로 생각해서 답을 말해 보는 거야.
- 많이 연습해 보면 나중에는 빠른 시간 내에 정확하게 덧셈을 할 수 있을 거야.

23 차시

23 더하기 6 : (1~24)+6

16 + 6 = 22

20 + 6 = 26

15 + 6 = 21   23 + 6 = 29   13 + 6 = 19

21 + 6 = 27   24 + 6 = 30   22 + 6 = 28

15 + 6 = 21   6 + 6 = 12   14 + 6 = 20

60~61쪽

- 그림을 보고 ○○가 이야기를 꾸며 보면서 엄마한테 이야기해 볼래?
- ○○가 이야기 한 것을 덧셈식으로 나타내고 풀어 보자.
- 종이배를 모두 세어 본 수와 덧셈을 계산해서 나온 답이 같니?

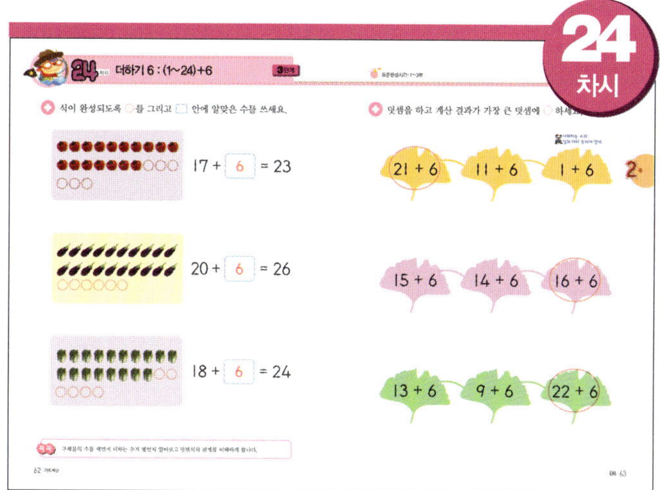

체크 포인트

❶ 30 이내의 수를 사물을 가지고 10개씩 배열해 보면서 시각적으로 수를 파악할 수 있게 하고 이를 덧셈에 적용하여 좀더 쉽게 답을 구할 수 있도록 지도해 주세요.

❷ 자주 틀리는 계산식은 여러 번 반복하여 정확히 이해하도록 지도해 주세요.

❸ 덧셈, 뺄셈에 대한 학습이 어느 정도 이루어지면 엄마가 구두 테스트를 하여 아이의 암산 능력을 키워 주세요.

정답 및 지도서 B6

3주 더하기 4, 5, 6의 종합

지도 방법

1. 더하기의 원리에 대한 이해가 부족하면 구체적인 사물을 이용하거나 ○를 그려 다시 한 번 더하기에 대해 설명해 주세요.
2. 앞에서 배웠던 더하기 4, 5, 6을 총정리하고 덧셈식만을 보고 문제를 풀 수 있도록 합니다.
3. 먼저 아이가 가장 쉽게 답을 구할 수 있는 더하기 방법으로 문제를 풀어 본 다음, 다른 방법으로도 풀어 볼 수 있도록 지도해 주세요.
4. 사물을 이용하지 않고 수만으로 더하기를 능숙하게 할 수 있도록 더하기의 여러 가지 형태를 충분히 연습하게 합니다.

25차시

68~69쪽

- 2+4, 12+4, 22+4를 각각 계산해 보자. 답이 어떻게 바뀌고 있니?
- 이것처럼 더해지는 수가 10씩 커지면 그 답도 10씩 커진단다.

26차시

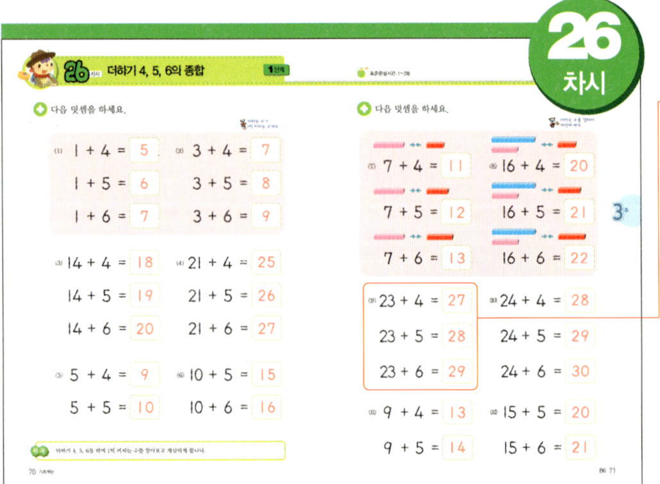

70~71쪽

- 23+4, 23+5, 23+6을 각각 계산해 볼래?
- 답이 1씩 커지지? 더해지는 수가 같을 때 더하는 수가 1씩 커지면 그 답도 1씩 커진단다.

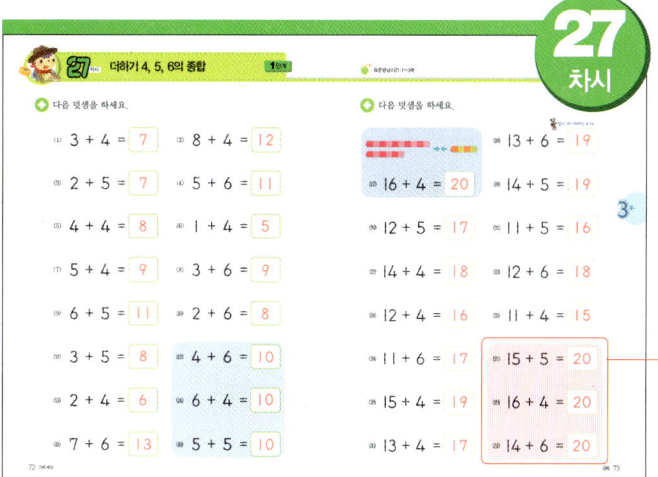

15+5, 16+4, 14+6의 일의 자리 숫자를 보자. 5와 5, 6과 4, 4와 6 이 수들의 특징이 무엇일까? 서로 더하면 10이 되는 수였지? 일의 자리끼리 더해서 나온 10과 남아 있는 10을 더하면 답은 20이 되겠구나.

- 19 더하기 6을 해 볼까?
- $19+6=25$

❶ 6을 1과 5로 가르는 거야.
❷ $19+1=20$
❸ $20+5=25$

23 더하기 5를 풀어 볼까? 먼저 일의 자리 숫자끼리 더하면 3+5니까 8이 되겠지? 이제 남아 있는 십의 자리 숫자는 더하는 수가 없으니까 그대로 써서 28이라고 쓰면 되겠다.

30 차시

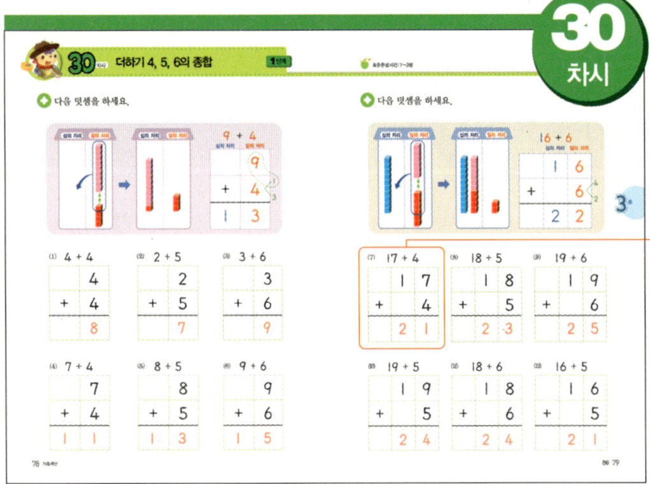

- 17 더하기 4의 세로셈을 풀어 볼까?

- $17 + 4 = 21$

  $3 \quad 1$

① 4를 3과 1로 가르기 하자.

② $17 + 3 = 20$

③ $20 + 1 = 21$

31 차시

- 22 더하기 6을 풀어 볼까?

- 일의 자리 숫자끼리 더하면 몇이니? 2 더하기 6을 해서 나온 답을 일의 자리에 적어 주고 십의 자리는 그대로 2라고 적어 주면 되겠지.

32 차시

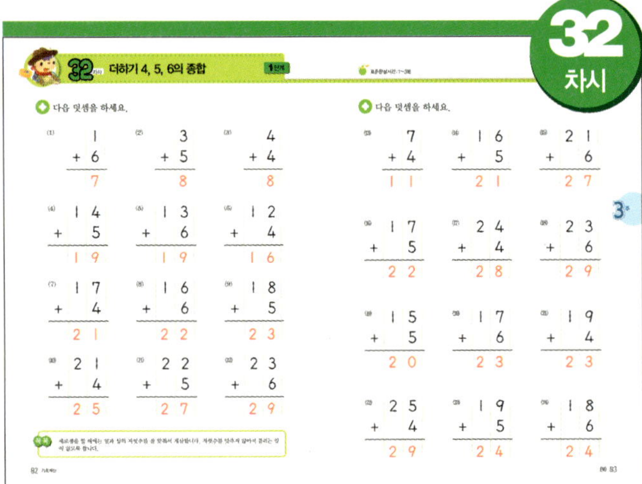

- 앞에서 배웠던 더하기 4, 5, 6 문제가 모두 나와 있구나. 더하는 수가 4, 5, 6 중 어떤 수인지 잘 살펴보렴.

- 그 동안 배운 여러 가지 방법 중 하나를 골라서 풀어 볼 수 있지? 틀리지 않도록 차근차근 풀어 보렴.

- 더하기 4, 5, 6은 많이 풀어 봤으니까 이제는 잘 할 수 있지? 식을 세우지 않고 계산해 보렴.
- 어려운 것은 식을 세워서 다시 한 번 천천히 풀어 보렴.

- 엄마가 불러 준 수에 더하기 4를 해서 말해 볼래? 7, 10, 24, 19, 17, 12…….
- 머릿속에 ○를 그려 보거나 수의 차례를 생각해 보면서 답을 말해도 된단다.

- 3개의 덧셈이 있구나. 3개를 각각 계산해 보고 가장 큰 답이 나온 덧셈을 찾아보자.
- 그 식을 이용해서 ○○가 이야기를 꾸며 엄마한테 이야기 해 볼래?

- 화관을 만들려면 장미가 29송이 필요해. ○○가 장미 23송이를 가져왔어. 장미 몇 송이가 더 필요하지?

- ○를 그려서 알아볼까? 몇 개의 ○를 그렸니?

체크 포인트

① 사물을 이용하지 않고 수만으로 더하기를 능숙하게 할 수 있도록 더하기를 반복해서 지도해 주세요.

② 엄마가 덧셈을 말하면 아이가 문장으로 표현해 보게 하세요. 단순히 기계적으로 계산하는 것이 아니라 더하기의 의미를 알고 계산할 수 있도록 도와 줍니다.

③ 두 자리 수의 덧셈에서 일의 자리 숫자의 합이 10을 넘지 않는 경우에는 자릿수를 중심으로 세로셈을 이용하는 방법도 있음을 알려 주세요. 이 때 일의 자리는 일의 자리끼리 더하고, 십의 자리는 그대로 내려쓰는 방법으로 지도해 주세요.

4주 빼기 4 : (1~20)−4

지도 방법

1. 학습에 들어가기 전에 지금까지 배운 빼기 연습을 충분히 해 주세요.
2. 빼기 4를 계산하는 다양한 방법을 아이에게 설명해 주세요. 전체 수만큼 ○를 그려서 4만큼 지워 보기, 구체물에서 4개 빼 보기, 수직선을 그려 뒤로 4칸 가기, 거꾸로 세어서 4 작은 수 찾기 등의 방법을 이용할 수 있습니다.
3. 받아내림이 있는 계산에서는 수 가르기를 이용하여 풀 수 있도록 평소에 수 가르기 연습을 충분히 시켜 주세요.
4. 빼기 4의 계산에 익숙해지면 정해진 시간 내에 뺄셈식을 풀어 볼 수 있도록 많이 연습시켜 주세요.

37 차시

96~97쪽

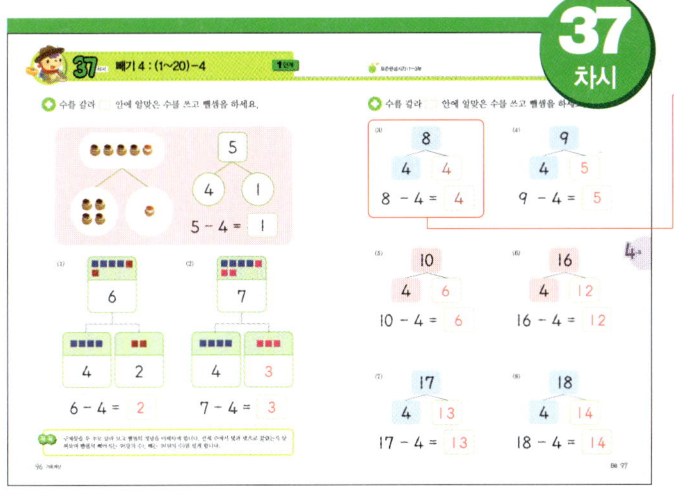

8을 두 수로 가르기 해 보자. 엄마가 구슬을 준비했어. 먼저 4개를 한 쪽 주머니에 넣으면 다른 쪽 주머니에는 몇 개를 넣을 수 있을까? 4개를 넣을 수 있겠지? 이것처럼 8은 4와 4로 가르기 할 수 있단다.

38 차시

98~99쪽

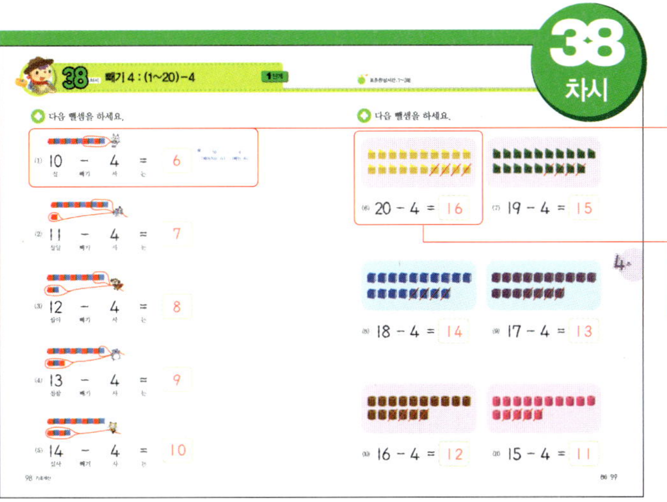

• 10개의 블록에서 4개를 덜어 내고 남은 블록이 몇 개인지 세어 보자. 10 빼기 4는 얼마라고 할 수 있니? 그래 맞아. 남은 블록이 6개니까 답은 6이겠지.

• 20 빼기 4를 해 볼까? 20개의 모양에서 4개를 지워 보자. 이제 남은 개수를 세어 보면 답이 나오겠구나.

39 차시

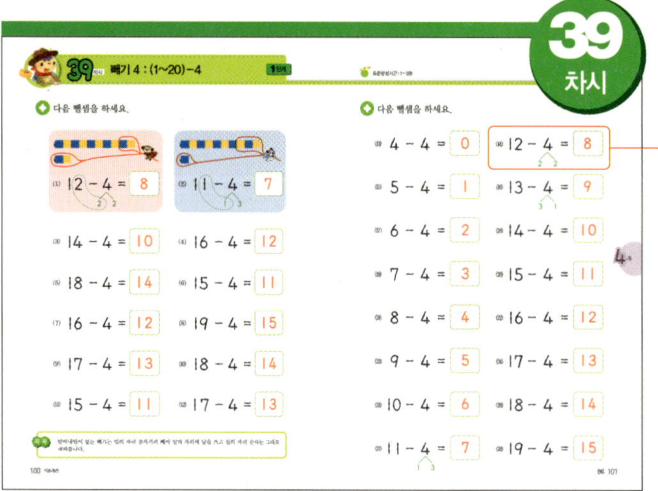

100~101쪽

- 12 빼기 4를 해 볼까?
- $12 - 4 = 8$

❶ 4를 2와 2로 가르기 하는 거야.
❷ $12 - 2 = 10$
❸ $10 - 2 = 8$

40 차시

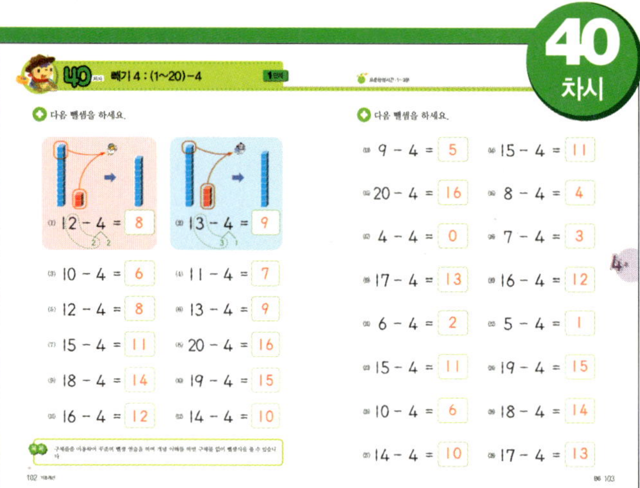

102~103쪽

- 여러 가지 빼기 방법 중에서 어떤 방법으로 푸는 것이 가장 쉬웠니? 그 방법을 이용해서 문제들을 풀어 보자.
- 쉬운 문제부터 차근차근 풀어 보고 어려운 문제는 엄마와 함께 다시 풀어 보자.

41 차시

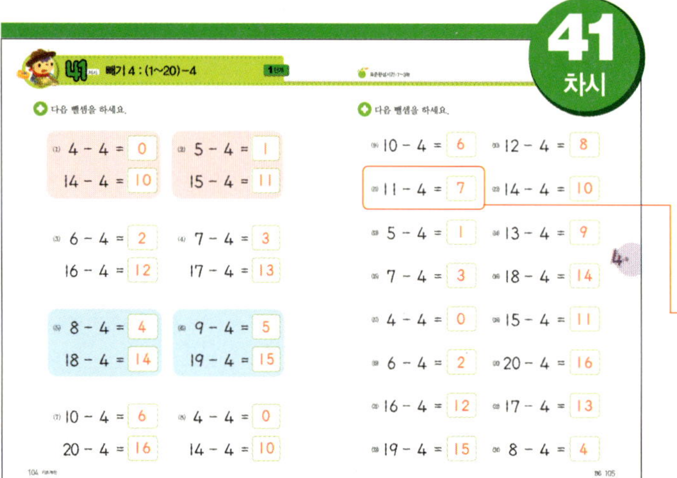

104~105쪽

- 빼어지는 수를 볼까? 10씩 커지고 있지? 10씩 커지는 수에서 똑같이 4를 빼는 것이니까 답이 어떻게 될까? 빼어지는 수가 10씩 커지니까 답도 10씩 커지겠지.
- 11 빼기 4는 얼마일까? $11 - 1 = 10$이니까 4를 1과 3으로 갈라서 빼면 되겠지.

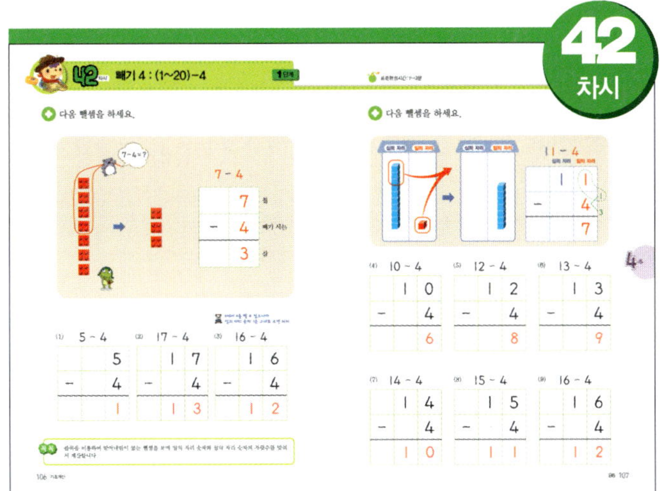

일의 자리 숫자끼리 빼기가 되지 않을 때는 수 가르기를 이용해서 풀어 보렴. 빼는 수를 두 수로 갈라 놓은 다음에 문제를 풀면 좀더 쉽게 풀 수 있단다.

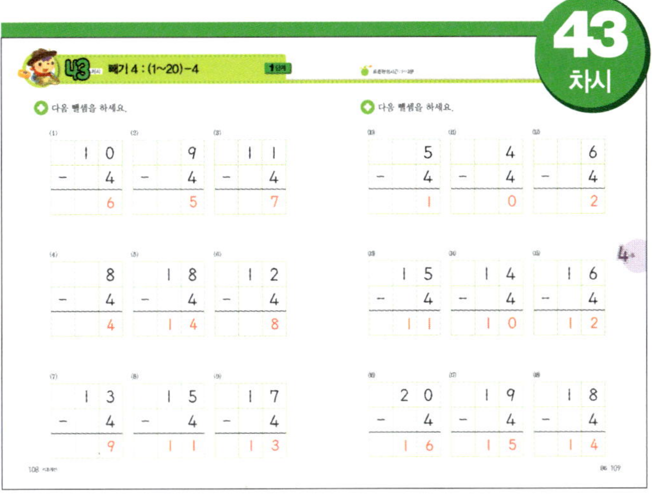

세로셈을 할 때는 자릿수를 잘 맞추어서 답을 쓰도록 하렴. 답은 일의 자리 숫자인데 십의 자리에 답을 쓰면 틀린 답이 된단다.

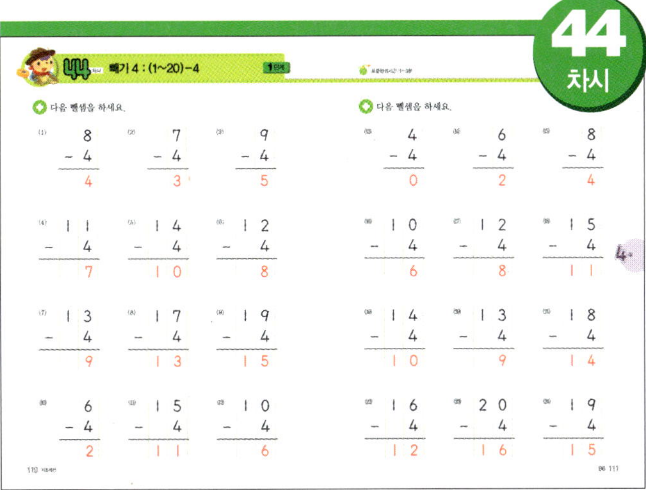

• 2분 동안 여기에 있는 문제를 다 풀어 보도록 하자. 하지만 답을 빨리 쓰려고 대충대충 풀면 안 되겠지?

• 세로셈의 마지막 연습이야. 조금만 힘내서 더 열심히 풀어 보자.

112~113쪽

- 세로의 수에서 4를 빼 보자. 세로의 수가 1씩 작아지고 있네? 그럼 답은 어떻게 될까? 빼어지는 수가 1씩 작아지면 답도 1씩 작아진다고 했었지.
- 이번에는 빼어지는 수가 1씩 커지고 있구나? 이 때 답이 어떻게 될까? 빼어지는 수가 1씩 커지니까 답도 1씩 커지겠지.

114~115쪽

- 수만 보고 머릿속으로 4를 빼서 답을 써 보자. 자꾸 연습하다 보면 금방 답이 떠오를 거야.
- 이번에는 가로의 수에서 4를 빼서 답을 써 보자. 답을 쓰는 칸이 헷갈리면 표시를 해 놓은 다음에 답을 쓰면 되겠지.

116~117쪽

- 우산이 9개 걸려 있었는데 4마리의 개구리들이 우산을 폈단다. 이제 우산 몇 개가 걸려 있는지 세어 볼까?
- 모두 몇 개에서 몇 개를 덜어 냈는지 세어 보자. 전체의 수는 빼어지는 수, 덜어 낸 수는 빼는 수, 남은 수는 차가 된단다.

- 딸기가 17개 있구나? 이 중에서 몇 개를 지우면 13개가 남는지 지워 보자. 네가 지운 만큼의 수가 빼는 수가 된단다.

- 먼저 뺄셈을 모두 풀어 보자. 이번에는 빼어지는 수가 가장 큰 식을 찾아볼래? 빼어지는 수가 가장 큰 뺄셈이 그 답도 가장 크단다.

체크 포인트

❶ 정해진 분량의 학습이 끝난 후에 틀린 문제나 어려운 문제는 연습장에 옮겨 적어 다시 풀도록 해 주세요.

❷ 아이가 뺄셈에 능숙해지면 빼어지는 수만 보고 답을 쓸 수 있도록 지도해 주세요. 어떤 수에서 똑같은 수를 뺄 때 빼어지는 수가 1씩 커지면 답도 1씩 커지고, 빼어지는 수가 1씩 작아지면 답도 1씩 작아지며 빼어지는 수가 가장 큰 뺄셈이 답도 가장 크다는 것을 알려 주세요.

종합 평가 B6

120~122쪽

충분한 연습을 했으므로 구체물을 이용하지 않고 바로 답을 할 수 있도록 합니다. 어려워 할 경우 차근 차근 풀게 하거나 다시 앞의 과정을 연습하도록 합니다.

종합 평가 B6

다음 계산을 하세요.

(1) 4 + 4 = 8
(2) 2 + 6 = 8
(3) 5 + 6 = 11
(4) 9 + 5 = 14
(5) 9 + 4 = 13
(6) 7 + 6 = 13
(7) 13 + 5 = 18
(8) 18 + 5 = 23
(9) 4 + 6 = 10
(10) 15 + 4 = 19
(11) 22 + 4 = 26
(12) 20 + 6 = 26
(13) 15 − 4 = 11
(14) 19 − 4 = 15
(15) 20 − 4 = 16
(16) 18 − 4 = 14
(17) 3 + 4 = 7
(18) 4 + 5 = 9
(19) 6 + 6 = 12
(20) 17 + 5 = 22
(21) 21 + 5 = 26
(22) 15 + 6 = 21
(23) 22 + 4 = 26
(24) 16 + 5 = 21
(25) 17 + 5 = 22
(26) 19 + 4 = 23
(27) 11 + 5 = 16
(28) 20 + 6 = 26
(29) 5 − 4 = 1
(30) 14 − 4 = 10
(31) 11 − 4 = 7
(32) 17 − 4 = 13
(33) 12 − 4 = 8
(34) 6 − 4 = 2

종합 평가 B6

(35) 15 + 5 = 20
(36) 19 + 4 = 23
(37) 18 + 6 = 24
(38) 20 + 5 = 25
(39) 10 + 4 = 14
(40) 11 + 6 = 17
(41) 14 + 6 = 20
(42) 18 + 4 = 22
(43) 8 + 5 = 13
(44) 8 − 4 = 4
(45) 12 − 4 = 8
(46) 19 − 4 = 15